教育部人文社会科学研究青年基金西部和边疆地区项目
（项目批准号：17XJC880001）

中国教育学知识生产研究（1901–1937）

郭瑞迎　著

陕西师范大学出版总社

图书代号　ZZ17N1332

图书在版编目（CIP）数据

　中国教育学知识生产研究：1901－1937／郭瑞迎
著. —西安：陕西师范大学出版总社有限公司，2017.11
　ISBN 978-7-5613-9404-5

　Ⅰ. ①中…　Ⅱ. ①郭…　Ⅲ. ①教育学—思想史—
研究—中国—1901－1937　Ⅳ. ①G40－092.6

　中国版本图书馆 CIP 数据核字（2017）第 286503 号

中国教育学知识生产研究：1901－1937

郭瑞迎　著

责任编辑	杜世雄　钱　栩
责任校对	曹克瑜
封面设计	道思设计　金定华
出版发行	陕西师范大学出版总社
	（西安市长安南路 199 号　邮编 710062）
网　　址	http://www.snupg.com
经　　销	新华书店
印　　刷	北京京华虎彩印刷有限公司
开　　本	787mm×1092mm　1/16
印　　张	11.625
字　　数	252 千
版　　次	2017 年 11 月第 1 版
印　　次	2017 年 11 月第 1 次印刷
书　　号	ISBN 978-7-5613-9404-5
定　　价	36.00 元

读者购书、书店添货或发现印装质量问题，请与本社高教出版中心联系。
电话：(029)85303622（传真）　85307826

前　言

　　教育学知识是教育学学科的根基,也是理解教育学学科的关键。本研究立足于中国教育学知识生产场域的历史源头,综合运用教育学、历史学以及社会学的相关理论资源,尝试从柯林斯互动仪式链的理论视角出发,从学术冲突的侧面窥探教育学知识生产的内在理路与外在契机,探索教育学知识生产的发端以及确立的复杂建构过程,力图勾勒出一幅中国近代教育学知识生产的图景,希冀对当下中国教育学知识生产有所启发。

　　知识分子的学术网络是产生知识的基础。教育学界是一个具有分层结构的学术网络,教育学知识的生产过程也是一个以教育学人为核心,以学科制度和教育学系科为支撑,以组织网络和传播网络为交流框架,各方面互动协调,从而形成的紧密联系的知识生产的动态网络。来自不同情境中的教育学人在不同层次和性质的场景中相遇,并产生不同的互动仪式,这些相互联系的互动仪式链条便构成了教育学界的网络结构。

　　柯林斯认为,学术生活首要的是冲突和分歧。研究发现,在教育学知识创造的一些重要据点上,总是存在着两条相互交叉的学术链条,分别是哲学取向的教育学和科学取向的教育学。此外,还存在一股外在的政治力量,它们三者之间的冲突与对峙形成了知识生产的关键结构,奠定了整个教育学知识生产空间的"总基调"。之后的教育学知识生产,无论如何"变奏",都是建立在对这三者的附和或者批判的基础之上。这三个取向之间的更替并非直线式的,而是交叉式的。在教育学知识生产的每个阶段,除了占主导地位的取向之外,其他取向的知识也并存。教育学知识内部的观念冲突则影响着知识构成的逻辑、论证方法和理论抽象的转向,外部组织、社会政治等条件影响着教育学知识生产的主题。正是教育学界内外的这三股力量的博弈与抗衡,形成了教育学知识生产多元化的根本动力。教育学知识生产的历史,不是一个孤立的知识领域,而是一个充满着各种社会观念持续不断斗争的过程。教育学知识不是研究者的主观期待可以实现的目标,而是社会进步与研究演变两者逐渐"雕塑"而成的作品。

最后,本研究从"学人互动与知识生产""学术与政治"两个方面进行总结和深化。研究指出,一方面,学人之间的交往状况会对学人知识生产的内容、方式和结果等产生影响,因此,应该形成高度自律、有规则、负责任的知识共同体来保障学人之间的正常、有效的互动。另一方面,外在的政治力量会降低学术知识生产的自由度,学界中人负隅顽抗,即便不能一刀砍断它,却正是"独立之精神"的充分展现。"为关注空间而竞争的网络结构"决定着教育学界知识的创造,决定着教育学知识发展的故事情节。在网络角逐最为拥挤和激烈之处,是"天才成群"出现的时刻,也是教育学知识生产的高峰。

目　　录

第一章 绪 论

第一节 研究缘起与研究意义

一、研究缘起

赖特·米尔斯(C. Wright Mills)说:"困扰产生于个体的性格之中,产生于他与别人的直接联系之中,这些困扰与他自身有关,也与他个人所直接了解的有限的社会生活范围有关。"①

自2005年接受本科教育至今,笔者已辗转了三所师范大学的教育学专业。在教育学专业学习的10年时间里,想必恐怕也积累了不少所谓的"教育学知识",但是,仍无法面对"教育学的迷惘""教育学的悲哀"甚至"教育学的终结"等问题。这些难题所涉及的事情超越了个人的局部环境和内心世界,成为教育学人的公共事件。

在国内,钱钟书《围城》中对教育学的讽刺耳熟能详。吴刚于1995年提出"教育学的终结"②,程亮指出百年的中国教育学似乎一直处于无根的"漂泊"状态,具体表现为"去学科感""去科学感""去历史感"和"去实践感"。③除此之外,类似"教育学学科地位低""教育学话语权的缺失""教育学是其他学科的跑马场"等说法不绝于耳。归其缘由,则因为教育学一方面有着独特的实践取向,另一方面又无法割断与其他人文社会科学之间的逻辑联系,造成教育学身份定位的"迷惘",以及教育学自身独立性的丧失,各种批评和

---

① 米尔斯.社会学的想象力[M].2版.陈强,张永强,译.北京:生活·读书·新知三联书店,2005:6 - 7.
② 吴钢.论教育学的终结[J].教育研究,1995(7):19 - 24.
③ 程亮.中国教育学:从"漂泊"到"寻根"[J].教育学报,2008(3):21 - 25.

质疑纷至沓来。不仅其他学科研究者对教育学有着质疑和批判,在教育学内部也处处弥漫着教育实践者对教育理论的不满和排斥,教育学越来越"不可信、不可爱、不可用"①。这种深刻的学科危机一再动摇着教育学的根基,这些问题也成了每一个教育学人绕不过去的问题。

在国外,教育学所受的质疑和批评也比较普遍。德国教育学家布列钦卡(Wolfgang Brezinka)指出:"没有其他科学像教育学那样充斥着非科学的闲言碎语、忽冷忽热的态度以及独断的狭隘心胸。"②美国教育学家拉格曼(Ellen Condliffe Lagemann)也说过,直到今天,教育是否或者能否成为一门"科学"仍然争论不休,而且"从事于研究教育被看作地位低下的工作,已经不是一个秘密",教育学"总被看作一个后娘养的孩子并很少被政策决策者、实际工作者或普通公众所相信。"③。1996 年,由于教育学既没有在学术界占据一流地位,也没有成功引领中小学教育改革,美国芝加哥大学社会科学院要将所辖的教育系清除出去(次年该计划实施)。周勇认为,从学术的角度看,这一切都因为医学院生产的医学知识似乎远比教育知识更为专业、权威和令人信服。④

面对着饱受诟病的教育学,作为一名教育学原理专业的学生,内心压抑而沉重。不知从何时起,内心深处便多了这么一种为教育学而忧的"教育学情结",挥散不去。但我们不能任其发展,而应主动想办法解决。尤其是在当下学科的分化变得愈发普遍的时候,名目繁多的教育学学科门类一度使我们沉浸在知识繁荣的喜悦中而忽视了四周潜伏的危险。从长远的观点来看,教育学必须依靠自己的价值而独立生存。如果我们希望教育学能够继续保持下去,而不是希望其他一些东西取而代之,那么我们就必须进行一定程度的"自我防卫",而守护或者重构教育学学科的独特性根基则在于教育学知识。

---

① 靖国平.论教育学的学科范式、知识样式及其话语方式[J].教育研究与实验,2005(2):7 - 10.

② 布列钦卡.教育知识的哲学[M].杨明全,宋时春,译.上海:华东师范大学出版社,2006.

③ 拉格曼.一门捉摸不定的科学:困扰不断的教育研究的历史[M].花海燕,等译.北京:教育科学出版社,2006:5 - 8.

④ 周勇.芝加哥大学教育系的悲剧命运[J].读书,2010(3):80 - 89.

从知识论的视角出发,教育学的所有问题,都可以归结为知识问题。"教育科学的学术史就是知识史,即知识的生产史、创新史和增长史。"①换句话说,支撑学科最基本的就是学科知识,这是亘古不变的硬道理,教育学知识是教育学学科的根基,也是理解教育学学科的关键。"在知识学视域中,教育学所承受的种种诘难均来自教育学知识的困境。②约翰·S.布鲁贝克(John S. Brubacher)曾将高等教育学的基础归结为认识论基础和政治基础,教育学其实也不例外。教育学作为一门学科,不仅在其本质上有着深刻的实践性,同时也是一种以生产教育学知识为职能的生产活动和生产制度。在教育学的发展史上,知识的问题从来没有消失过,只是在不同时期以不同的方式出现而已。正如一位学者说的那样,"在教育学领域,人们最感到烦琐与无奈的是许多知识是冷饭热炒:众多问题与多年前相比并没有取得任何进步,而原有的原则、条例和规范并没有贯彻到实践中,至今教育学学科体系尚未建立,教育学到底包括哪些内容仍存歧义"③。可见,教育学知识的生产是影响教育学学科发展和教育学知识生产能力的核心因素,系统考察教育学知识生产是理解教育学历史演变及其未来发展道路的重要途径。

然而,阅读以往的教育学著作,大多关于"教育学的形成与发展"的介绍,都聚焦于西方从柏拉图、亚里士多德到赫尔巴特、杜威等人物谱系,这些英雄人物的名单成了教育学史的主轴。我们可以从中得知:中国教育学是从外国引进的,先学日本,再学美国,继而转向学习苏联;1896年梁启超的《论师范》是我国议论师范教育的开端;1899年日本人剑潭钓徒节译奥地利教育学家林度涅尔的《教育学纲要》是目前所见最早的教育学文本;《教育世界》是国人办的第一本教育期刊,等等。但是,学术研究不是那些生活在社会真空里的人通过客观、冷静、理性的分析而得出的产物,而是由一群机缘巧合而聚在一个特定的领域里的研究者进行操作的。④ 况且,虽然教育学知识是从外引进,但都不是原版复制,引进之时固然有所取舍,引进之后还要

① 李政涛.教育科学的世界[M].上海:华东师范大学出版社,2010:165.

② 童想文.再论教育学的困境与出路:知识学的视角[J].教育发展研究,2012,(Z1):31 –38.

③ 庞守兴.从"学"到"术":教育学理论的实践转向[J].教育发展研究,2012(9):1–5.

④ 比彻,特罗勒尔.学术部落及其领地:知识探索与学科文化[M].唐跃勤,等译.北京:北京大学出版社,2008:109.

加以调整,尤其是在许多方面实际上利用了中国已有的基础,或是不能不受固有条件的制约,因而在落实到中土的时候,发生了种种变异。[①] 因此,从这些静止化、平面化的"开端""最早""第一"的叙述中,仍无法得到令人满意的答案,内心的困扰依旧存在。

人们似乎一直较多关注"教育学知识是什么",而不怎么关心"教育学知识是如何生产"的。换句话说,以往我们过多地关注从教育学学科内部的概念和逻辑出发寻求解答,缺乏从其他视角对教育学知识生产环境和路径的审视。而且,从提问的方式来看,前者属于一种本质性的追问,后者是一种本体性的追问方式。本体性追问为教育研究的深度提供保障,本质性追问则保证了教育研究的广度。[②] 可见,"教育学知识如何生产"是比"教育学知识是什么"更为根本的问题,对前者的理解决定着对于后者的回答。因此,有必要进行一些"考镜源流,辨章学术"(陈平原语)的工作,去考察在教育学产生的最初,究竟都发生了些什么? 是否存在一些"原始性的纠缠"(叶澜语)? 为什么会产生以及如何理解? 这些历史带给了我们什么? 又限制了我们什么? 鉴于此,本研究试图从教育学知识生产历史的源头出发,分析教育学知识生产的内在理路与外在契机,探究教育学知识的生产及其确立的复杂建构过程,从而达到以史为鉴、以史明智的最终目的。

二、研究意义

"近代世界有一种不言自明的进化思维",[③]使得人们大都认为当下才是最重要最有价值的。那么,选择这样一个"老生常谈",甚至有些"古老"又没有新意的问题,究竟意义何在? 笔者认为,本研究的学术价值主要体现在以下四点。

第一,本研究有助于我们了解教育学知识生产的历史,深层理解中国教育学的基本理论问题。瞿葆奎和郑金洲认为,1919 年至 1949 年,是中国教育学发展史上为蔚为壮观的一个时期,在此期间形成了中国的第一代教育

---

① 桑兵.近代中国的知识与制度转型[M].北京:经济科学出版社,2013:15.

② 雷云.教育知识的社会镜像[D].长春:东北师范大学,2009.

③ 王汎森.执拗的低音:一些历史思考方式的反思[M].北京:生活·读书·新知三联书店,2014:4.

学家群体,而且"当今教育学所涉及的一些基本问题,几乎都有所涉及"①。那些"经典的"教育学知识,则更是我们应不断"回望"的源头。这种"回望"也不是简单的知识回顾,而是对其进一步的解读与扬弃。学术上每一次的进步都建立在与前人"交流""对话"的基础上,或坚持捍卫,或部分接受,或反对批判。教育学知识的积累和演进就应该成为一个不断与经典对话并不断回归经典的过程。一切的进步都应建立在经典之上,否则都是"无根之木"。正是由于近百年来教育学者的孜孜追求以及他们筚路蓝缕的贡献,才有了今人学术生产与创新的可能。一方面,我们既不能用线性历史观的视角而"厚今薄古",应对前人的研究充满"温情与敬意",也不能一味地"厚古薄今",诸如"民国热"等现象也应理性地看待。这就要求我们应该回到教育学发展的源头去看看,去亲自触摸教育学的历史,感受这一段岁月的沧桑和曲折。

第二,有助于增加对于教育学知识生产状况以及生产机制的理解,为当代教育学的学科发展提供参照和启示。叶澜认为,对 20 世纪教育学在中国发展历史的回顾与审视,是教育学继往开来,实现新的世纪发展的重要认识性条件。② 而且,近代作为教育学理论的形成时期,在这一时期发展起来的教育学理论堪称经典,由它建立起来的教育学理论的概念、原理直至理论架构,部分一直沿用到今天。③ 以史为镜,可以知兴替。要理解中国当代教育学的状况及其未来走向,改变教育学的不佳境况,必须通过"辨章学术,考镜源流"的方式去探索教育学知识的形成过程并寻求新的学术发展路径。

第三,本研究有助于增加教育学研究者的学术自觉以及本土意识。欲建设中国本位的教育学,必须先对过去教育学的发展进行检阅、批评和科学的审视。对教育学知识生产的反思,是知识生产主体意识加强的表现,有助于提升作为教育学人的自身责任感和学科自觉,从而更好地在今后的教育学建设中坚持中国立场,理性对待西方各种教育理论和思潮,避免生搬硬

---

① 郑金洲,瞿葆奎.中国教育学百年[M].北京:教育科学出版社,2002:18.

② 叶澜.关于加强教育科学"自我意识"的思考[J].华东师范大学学报(教育科学版),1987(3).

③ 贾永堂.论教育学理论及其在近代发展的阶段与特点[J].华东师范大学学报(教育科学版),1989(4):59-68.

套,或者食洋不化,更好地构造中国教育学。

第四,有助于促进自身的成长。梁漱溟认为,"学问是解决问题的,而真正的学问是解决自己的问题的"①。陈平原也认为,"历史研究的目的常常是为了解决研究者自己的困惑"②。本研究最初也是在笔者的个人阅读和学习中的偏好下萌发的。作为一名教育学原理的学生,历史不是自己的强项,但要做一名合格的教育学原理的学生,则必须对历史有所了解。挑战自己的弱项,也是对自身的一种历练。希望能在写作的过程中锻炼自己"用思想去驾驭史料"的能力,在注重史料发掘与占有的同时,走向理论的自觉,努力达到"史论亲"的状态。另外,教育学知识的发展史,其实也是一部教育学人的奋斗史。通过"近距离"审视近代大师的教育学研究活动,能更清楚地看到大师身上所凸显的个人学术修养和情操,澄清自己作为一名教育学研究者应该恪守和坚持的学术之道。

第二节 研究述评

综述的目的一方面是充分吸收、借鉴前人的优秀理论和成果,另一方面是为本研究的进行寻找创生路径和空间。因此,充分地占有资料并对其进行有针对性的总结、评价是关键的一步。鉴于此,根据本研究主题,笔者分别以"教育知识""教育学知识生产"为关键词,在知网、读秀、超星等搜索引擎上检索,检索到的直接文献寥寥无几,这似乎也注定了本研究没有那么容易。此外,笔者还用与这些概念相近的一些关键词,譬如"学术生产""理论生产""精神生产"等进行检索,但结果皆不如所愿。经过一番对"外围"的资料搜罗后,笔者开始回归教育学本身,试图通过对教育学史进行一番细致的爬梳,从前人的研究中获得些许思路和灵感。具体的文献综述如下。

一、核心概念的界定与辨析

学术史的经验告诉我们,"一种理论的提出,应该使其具有相对精准的

---

① 艾恺采访,梁漱溟口述,一耘学堂整理.这个世界会好吗:梁漱溟晚年口述[M].上海:东方出版中心,2006:后封面语.

② 王汎森.中国近代思想与学术的系谱[M].长春:吉林出版集团责任有限公司,2010:161.

外延,并且能够在可操作的层面进行持续不断的意义生产,这种知识才可能是有生命力的"①。因此,欲明白"教育学知识如何生产",则必须弄清楚更为基本的问题:"什么是知识"和"什么是教育学",同时,还需对与核心概念相似的概念,诸如"教育知识""教育学知识"等进行辨别和分析,最终确定教育学知识的内涵。

托夫勒曾在《财富的革命》一书中写道:"知识是无形的,试图给其下个定义往往会使你进入迷宫,令你很难体面地从里面出来。"②的确,笔者在研究之前曾一度深陷在知识论的"沼泽"中而无法自拔,不同的立场下就有不同的对于知识的界定,真可谓是"无从下手"。石中英认为,"关于'什么是知识'的问题不仅在教育学中是一个难题,就是在哲学中也是一个难题"③。看来,从"什么是知识"去推理"什么是教育学知识"的这条路似乎不会太顺利。

不过,我们或许可以通过"教育"与"教育学"之间的比较对"教育学知识"进行界定。对于什么是教育,学界基本都有着普遍的共识。而在教育学的认识上,中西方存在一定的差异。西方教育学的发展脉络和分类架构都表明,教育学不是一种纯粹的知识单一体,而是一个蕴涵着多样性和复杂性的综合体。教育学诞生之初从"教学论"到"教理学",单数教育学和复数教育学,英语教育学、德语教育学和汉语教育学,规范教育学、实验教育学、实践教育学、批判教育学等等,也因此有了对教育学进行划分的"二元论"两分法、"调和论"三分法、"象限论"四分法、"取向论"的五分法。④ 随着传统教育学的瓦解,"Pedagogy"一词也面临着严峻的考验,为了防止误会的出现,英语国家现在一般多用"education"一词指称整个教育知识领域。也就是说,"education"在现代英语中既指教育,又指关于教育的陈述(因而译为"教育学")。然而,这样的一词多义也带来了不少混乱,有鉴于此,英语国家一些治学严谨的学者不得不在其著作中再三强调将作为一种活动的"education"与作一门学科的"education"区别开来。在中国,虽然汉语的教育学是

---

① 杨念群.中国史学需要一种"感觉主义"![J].读书,2007(04):50–57.

② 托夫勒.财富的革命[M].吴文忠,刘微,译.北京:中信出版社,2006:98.

③ 石中英.知识转型与教育改革[M].北京:教育科学出版社,2001:11–13.

④ 程亮.教育学的"实践"关怀[D].上海:华东师范大学,2006.

借道日本转译过来的德国教育学概念,它可以兼容"pedagody""education"和"educology"三词的含义,但是,我们却对"教育"和"教育学"区分得十分清楚。①

我们再来看看学界的研究现状。在"教育知识"的研究中,主要有两个取向。一方面多集中在"教师教育知识"或者"个人化教育知识"的层面上。譬如,最具有代表性的便是朱小蔓、严开宏的《论个人化教育知识及其建构》,文中指出:"教育学知识是独立于个体经验的理论知识,教育知识是本原在主体之中的实践知识,是高度个人化、德性化的知识。区别于理论知识的可教性,个人化教育知识是做了才有的知识,是不断增长的教育经验,它是个体在实践过程中整合而建构出来的知识。因此,无论职前还是职后,教师的培养都有赖于培植出个人化的教育知识。"②正如任永泽说的那样,"目前教育知识仍是一个大的统括性、集合性概念,内涵、外延极为丰富,教育知识似乎无所不包"。因此,他通过对"教育知识与教育经验""教育知识与教育目的""教育知识与教育对象"这三对概念的对比分析后指出,"教育知识不是从认知的角度来出发,而是从事实真相的表达来说明人类教育实践状况的,它是关于教育实践的知识,遵循的是实践的逻辑。教育知识的价值就是影响、改造与提升教育实践。在此意义上,教育知识是教师实际具有的并知道如何在教育实践中表达的知识,是真正属于教师个人的"。因此,所谓教育知识(Pedagogical Knowledge)是教师在教育实践中内心真正信仰并践行的知识,也就是说,"教育信念 + 教育实践 = 教育知识"。③ 陈振华也将教育知识界定为"教师获得的关于教育的认识、体验和行为能力"④。另一方面,将"教育知识"看作是教师授予学生的知识,含义接近于"课程内容"。譬如,课程社会学研究使用的"教育知识"大多倾向此义,如阿普尔(Miehael Apple)、杨(Miehael Young),国内如吴钢、洪成文等的研究都执此解。

此外,还有很多学者对"教育知识"与"教育学知识"进行了区分。譬

---

① 黄向阳.教育知识学科称谓的演变:从"教学论"到"教理学"[J].华东师范大学学报(教育科学版),1996(04):17-26.

② 朱小蔓,严开宏.论个人化教育知识及其建构[J].南京晓庄学院学报,2009(04):40-46.

③ 任永泽.教育知识的重新概念化[J].现代教育论丛,2010,(10):10-14.

④ 陈振华.把握公共教育知识[J].上海教育科研,2003(8):24-26.

如,朱小蔓、严开宏认为,"教育学知识"是把教育活动对象化为客体加以研究时产生的学科形态的教育学知识,而"教育知识"是实践知识,是教育者本人通过实践活动表达出来的知识,教育知识是个人的和场景的。① 高鹏在其博士论文《论教育学知识的科学化》中从教育与教育学之间的区别出发,认为教育知识是人类总体经验中有关"教育"的那部分内容,可被理解为教育活动参与者(主要是教师以及包括校长、教育官员在内的教育管理者)对教育活动的认识。而教育学知识是自教育学产生之后才出现的,是教育知识积累到一定阶段的产物,也是研究者试图以系统化和学理化的方式分析教育活动以及归纳、梳理普适性教育知识的结果。② 吴原和郭军也认为教育与教育学之间的差异,产生了"教育知识"(Educational Knowledge)和"教育学知识"(Pedagogy Knowledge)的区别。他们指出,"教育"一词更多地指向通过一系列的手段和方法,对受教育者施加改造的过程,具有技术性和可操作性的特点;而教育学则泛指对有关教育现象及规律的研究,具有论理性、思辨性和研究性的特点,因此,"教育知识为教育工作者提供可供参照的行动方案,具有经验性和操作性的特点,是实践知识;教育学知识以价值观的引领为主要目的,具有论理性、抽象性的特点,属于实践哲学的范畴"。二者之间的关系表现为,教育知识的采集是形成教育学知识的基础;教育学知识可以为教育实践提供指导;教育学知识的科学化理论化,为教育的发展与文明的传递提供了必然性。③

可见,"教育知识"与"教育学知识"之间的区分还是比较清晰的,学界对于这两个概念的选择都根据自己的研究目的而决定。譬如,刘庆昌在《教育知识论》一书中使用了"教育知识"这一概念,作者认为,虽然从理论上将教育知识从不同的角度可以划分为不同的类型,但人们还是很自然地把"教育学"视为人类高度系统和成熟的教育知识整体。人类知识的创造进入以学科为领域的专业化阶段以后,提到教育知识就想到教育学也应是正常的。

---

① 朱小蔓,严开宏.论个人化教育知识及其建构[J].南京晓庄学院学报,2009(04):40 -46.

② 高鹏.论教育学知识的科学化[D].长春:东北师范大学,2014.

③ 吴原,郭军.教育知识与教育学知识[J].湖南师范大学教育科学学报,2008(02):43 -45.

也许我们可以说,教育学是教育知识学科化的结果,也就是学科的教育知识。① 雷云在其博士论文《教育知识的社会镜像》中也使用了"教育知识"一词,原因则在于他认为,教育学的知识本体内含让位于学科形式而使教育学被"异化"。因而,他没有采用体系化倾向和学科形式意味较强的"教育学""教育理论"作为关键词,而代之以"教育知识"。张永的博士学位论文《西方教育学知识形态演进初探》选择对教育学知识进行哲学层面的研究,因此他选用了"教育学知识"一词,通过对西方教育学的客观知识存在进行了形态学的分析,提出了一个包含静态结构、动态发展和问题情境等三个维度的分析框架。②

从学界现有的状况来看,对"教育知识"和"教育学知识"的区分较为清晰,普遍认为教育与教育学是两个不同的概念,"教育"一词更多地指向通过一系列的手段和方法,对受教育者施加改造的过程,具有技术性和可操作性的特点;而"教育学"则泛指对有关教育现象及规律的研究,具有论理性、思辨性和研究性的特点。因此,我们可以认为"教育知识"具有实践的性质,多为教师的或者个人的知识,而"教育学知识"则带有学科的性质,多属于理论知识,是普遍的知识。鉴于此,基于本研究的目的以及学界的大致共识,本研究选择使用"教育学知识"一词,旨在维护教育学作为一门学科的知识体系的完整性和学科独立性。教育学知识即学科意义上的知识,"不是某种具体的知识,而是方法论层面的思维形式,是一种自觉的思想的活动"③。另外,从人类知识的存在形态来看,知识主要有两种:一是独立存在的知识,如学术成果、科研书籍、期刊报纸等;一是依附于人身的知识,即人力资本。为了加强研究的可操作性,本文则主要以第一种知识形态为主,辅之以第二种形态。否则,对于教育学知识的研究便成了一句空话。

此外,为了深入地对"教育学知识"进行理解,还需对与之含义较为相近的一些概念进行辨析,为研究的顺利进行扫清障碍。

(1)为什么不用"教育思想"?刘庆昌认为,教育知识在古代的时候很长一段时间都是以教育思想的形式存在的,因而,"我们可以说中国古代有

---

① 刘庆昌.教育知识论[M].太原:山西教育出版社,2008:233.
② 张永.西方教育学知识形态演进初探[D].上海:华东师范大学,2006.
③ 付建铂.教育学知识的合法性探究[J].陇东学院学报,2012(06):111-113.

许多深刻、卓越的教育思想家,却没有一位教育理论家和教育学家"。而欧洲以"教育思想"形式存在的教育知识阶段比较短,所以"欧洲比中国更早地进入到了教育认识的专门化(教育理论)阶段"①。教育知识是人类对教育进行认识的结果,其发展的最高形式就是体系化的教育学。可见,"教育思想"这一概念涵盖的范围过于宽广,绝非本文所能承载,故用"教育学知识"。

(2)为什么不用"教育理论"?《教育大词典》中指出,教育理论是指教育现象和教育规律理性认识的成果,教育科学知识的总和,与"教育实践"相对。表现为独特的范畴、术语、逻辑、描述教育事实或教育现象,揭示教育特征或者教育规律,论述教育价值取向或行为规范。② 而教育学是研究教育现象及其一般规律的学科,是从总结教育实践经验过程中逐渐形成理论,经过长期积累而发展起来的。③ 由此可见,"教育理论"与"教育知识""教育思想"都较多关注教育现象与活动,与本研究关注教育学学科这一目标不太相符,故不采用。

(3)为什么不用"教育学理论"?在"教育学理论""教育学知识"二者之间的选择与取舍也是笔者最初写作时候的一个难点,按一般的常理来看,这二者在内涵上是相似的,也基本可以通用。譬如,贾永堂就用"教育学理论"一词对西方教育学理论在近代的发展进行了阶段性的总结与分析。在他的文章中,"教育学理论"是指从有关教育的角度出发,对若干教育问题所做的解释性与解决性阐述。④ 然而,如果说知识是关于客观世界的叙述,那么,理论则是关于客观世界的解释,理论与知识的区别在于:知识的意义是双重的,既是客观的反映,又是主观的反映,而理论在其形态上则直接是人的创造物,即理论要通过人的构思,是一种"后验"的存在。笔者考虑到中国近代教育学发端期的各种不完善状态,还是认为采用"教育学知识"这一概念较为合理。

总之,"教育经验""教育思想""教育理论""教育学知识""教育学理

---

① 刘庆昌.教育知识论[M].太原:山西教育出版社,2008:16.

② 顾明远.教育大词典简编本[Z].上海:上海教育出版社,1999:231.

③ 顾明远.教育大词典简编本[Z].上海:上海教育出版社,1999:254.

④ 贾永堂.论教育学理论及其在近代发展的阶段与特点[J].华东师范大学学报(教育科学版),1989(4):59-68.

论"等概念,有着一定程度的内在连续性,它们处在一个连续的统一体之中。正如刘庆昌所认为的那样,它们都源于教育经验,它们之间的区别在于对教育认识的加工程度不同,具体来讲,即"教育认识的事实化即教育经验,教育认识的自觉化即教育思想,教育认识的专门化即教育理论,教育认识的专业化即教育学"①。因此,在本研究的进行中,无法对这些概念之间进行严格的区别与划分,只能从相对的意义上进行辨别。

二、教育学史的研究与不足

"教育学史"是一门以历史上的教育学理论发展为研究对象的学科,它通过研究教育学的陈述、发展的过程,探寻教育学的历史发展规律。② 侯怀银认为,教育学是教育学史的总结,教育学史是教育学的展开。中国教育学史实际上是积累教育学知识的一种方式,教育学史的研究,同时也就是教育学的研究,到一定境界,对教育学史的梳理和阐释实际上已与中国教育学建设难以彼此相离,并将达到统一。③ 因此,除了上述以本质主义的方式对"教育学知识"的理解之外,更应从教育学史的发展历程来回答这一问题。教育学知识生产的过程也是教育学学科自身发展的过程,即教育学自身演变发展的历史过程。"从中国教育学史看当前中国教育学建设"应该成为我们一种习惯性的思维方式。④ 教育学史的研究为本研究提供了大量的历史资料,是本研究得以顺利进行的基础。前人在这方面已经积累了丰硕的成果,笔者在叶志坚关于"教育学史"的综述的基础上,现按时间先后顺序排列如下(见表1)。⑤

---

① 刘庆昌. 教育知识论[M]. 太原:山西教育出版社,2008:16.
② 王坤庆. "教育学史"研究的历史与现状[J]. 教育研究与实验,1992(03):23-25.
③ 侯怀银. 20 世纪中国教育学发展问题研究[M]. 北京:北京师范大学出版社,2011:2.
④ 侯怀银. 20 世纪中国教育学发展问题研究[M]. 北京:北京师范大学出版社,2011:2.
⑤ 叶志坚. 中国近代教育学原理的知识演进:以文本为线索[M]. 杭州:浙江大学出版社,2012:8-15.

表 1　已有的相关成果列表

年份	名称	出版结构/登载刊物、期号	原作者/中译者
1984	试论我国教育学的发展	《华东师范大学学报》 (教育科学版)1984.2.	雷尧珠
1987	关于加强教育科学 "自我意识"的思考	《华东师范大学学报》 (教育科学版)1987.3.	叶澜
1889	近代译介西方教育的历史考察	《北京师范大学学报》 (哲社版)1989.2.	蔡振生
1991	中国教育学七十年	《北京师范大学学报》 (社会科学)1991.5.	陈元晖
1995	教育学学科建设 指导性意见	人民教育出版社	国家教育委员会 师范教育司组编
1998	历史的"教育学现象" 透视——近代教育学史探索	人民教育出版社	陈桂生
1998 – 1999	中国教育学百年 (上、中、下)	《教育研究》 1998.12 – 1999.2.	瞿葆奎
1999	西方教育学史略	载瞿葆奎主编: 《元教育学研究》 浙江教育出版社	范国睿、 瞿葆奎
2000	20 世纪中国教育 学科的发展	《北京师范大学学报》 (哲社版)2000.1	黄济
2000	教育学史论纲	湖北教育出版社	王坤庆
2000	王国维与西方教育学 理论的导入	《浙江大学学报》(人文社会 科学版),2000.6.	肖朗
2000	中国教育学发展问题研究 ——以 20 世纪上半叶为中心	华东师范大学博士学位 论文,2000 年	侯怀银
2001	20 世纪上半叶教育学在 中国引进的回顾与反思	《教育研究》2001.12	侯怀银
2002	中国教育学百年	教育科学出版社	郑金洲、瞿葆奎
2002	教育通论	华东师范大学出版社	郑金洲
2003	中国教育哲学的世纪 回顾与展望	《教育研究》2003.10.	陆有铨、迟艳杰

续表

年份	名称	出版结构/登载刊物、期号	原作者/中译者
2003	康德与中国教育思想	《教育研究》2003.10.	肖朗
2003	20世纪上半叶中国学者对教育学学科独立性的研究	《教育研究》2003.4.	侯怀银
2004	中国教育学发展世纪问题的审视	《教育研究》2004.7.	叶澜
2004	王国维与赫尔巴特教育学说的导入	《华东师范大学学报》(教育科学版)2004.4.	肖朗、叶志坚
2004	传承与嫁接:中国教育基本概念从传统到现代的转换	华东师范大学博士学位论文,2004年	章小谦
2005	二十世纪中国社会科学(教育学卷)	上海人民出版社	叶澜
2005	中国课程概念从传统到近代的演变	《华东师范大学学报》(教育科学版)2005.4.	章小谦
2005	从教育学史到教育学术史	《教育研究》2005.12.	于述胜,毕苑,娄岙菲,张小丽.
2006	"教之术"到"教育学"演变论	《华南师范大学学报》(社会科学版)2006.6.	董标
2006	赫尔巴特教育学在中国:一个跨越世纪的回望	《教育学报》2006.5.	周谷平,叶志坚.
2007	中国教育者概念从传统到现代的演变	《社会科学战线》2007.1.	章小谦
2007	中国教育概念史研究刍议	《华中师范大学学报》(人文社会科学版)2007.5.	章小谦
2012	中国近代教育学原理的知识演进——以文本为线索	浙江大学出版社	叶志坚

对教育学史做考镜源流、辨章学术的梳理工作,不仅需要有极厚的学术积累和功力,还需要有一览全局的整体眼光,以及独具匠心的框架设计等,正是由于近百年来教育学者的孜孜追求,以及他们在教育学发展史上所做的筚路蓝缕的贡献,为本研究的进行提供了厚实的基础。综观以上教育学

史的研究,不外乎从以下三个层面展开。

1. 学科编年史的书写策略

关照一个学科的进展,学科编年史是最为通常的策略。这种方式最为典型的表现为对于教育学史发展历程的"三阶段""四阶段""五阶段"以及"六阶段"等说法。譬如,雷尧珠认为中国教育学的发展路径是"先抄日本,后袭美国,再学苏联",并将中国教育学的发展划分为三个阶段,分别是西方教育学在中国的萌发(1901—1919);西方教育学说在中国广泛传播的时期(1919—1949);学习苏联教育学(1949至今)。① 侯怀银将20世纪上半叶教育学的发展划分为三个阶段,分别是以引进为主要特征的初现阶段(1901—1915),以模仿为主要特征的初建阶段(1915—1927),以中国化为主要特征的探索阶段(1927—1949)。② 黄济将中国教育学的发展分成了四个阶段,分别是清末教育学科的引进和创建;20年代后实用主义教育思想的影响;新中国成立后的全面学苏;十一届三中全会后教育学科的大发展。③ 高闰青将中国教育学的发展分为五个阶段,其中包括西方教育学在中国的引进(1901—1919);实用主义教育学说在中国的广泛传播(1919—1949);苏联教育学对中国的影响(1949—1957);中国教育学的意识形态化(1958—1978);中国教育学学科体系的探讨与反思(1978—2000)。④ 瞿葆奎和郑金洲将中国教育学百年间的历史划分为六个阶段,其中,1900年至1919年是教育学的引入时期,1919年至1949年是教育学的草创时期,1949年至1956年是教育学的改造与"苏化"时期,1956年至1966年是教育学的中国化时期,1966年至1976年则是教育学的语录化时期,1976—2000则是教育学的复归与前进阶段。⑤

这种描述方式给了我们关于教育学发展最基本的认识框架,但这种分

① 雷尧珠.试论我国教育学的发展[J].华东师范大学学报(教育科学版),1984(02):38 -47.

② 侯怀银.20世纪上半叶中国教育学发展问题的反思[D].上海:华东师范大学,2000.

③ 黄济.20世纪中国教育学科的发展[J].北京师范大学学报(人文社会科学版),2000 (01):5-11.

④ 高闰青.20世纪中国教育学的发生学考察[J].西北师大学报(社会科学版),2006 (04):57-61.

⑤ 郑金洲,瞿葆奎.中国教育学百年[M].北京:教育科学出版社,2002.

析将充满激动人心的冲突、困扰、断裂的学科动态史,却简化为平滑、柔和与累积的学科史,以至于教育学学科知识生产似乎都成了静态的经验事实的反应和单纯的"量的积累",主体自身的创造行动及其环境均被遮蔽。笔者认为,在近代,当西方思想和中国传统相互渗透、相互改造时候,内部常常因为无法融洽而充满了冲突,教育学人也不是理性主体的化身,他们的内心是紧张和复杂的。因而,本研究尝试在这些基本研究的基础上,"丰富"这种整齐划一的解释框架。

2. 将教育学史简化为概念、文本的演变史

这方面研究最为典型的当属章小谦的《传承与嫁接:中国教育基本概念从传统到现代的转换》,以及叶志坚的《中国近代教育学原理的知识演进——以文本为线索》。这两部著作通过"以小见大"的方式窥探教育学发展的历史,给予了笔者极大的启发,也给本研究的进行提供了丰厚的史料基础。然而,笔者在阅读这两部著作的时候,就一直在思考,教育学发展的历史肯定不是像这种单纯的文本、概念演变史这么简单,教育学发展的历史应当是整个教育学界互动的产物,是当时中国社会整体的反应。这种简化的文本史、概念史的方式,较多关注教育学自身的逻辑发展和演进,而忽视教育学发展的历史背景和社会条件,无法解释教育学知识生产的社会动力和基础。这就要求我们在具体研究的时候,对各种史料进行细致的梳理,结合社会内外的各种因素,考察近代教育学知识生产的过程、内在理路和外部契机,总结其特点及演进规律,体现教育学知识生产的复杂性。

3. 教育学史研究视角的单一

汤因比赞成罗素"历史既是科学又是艺术"的看法,一致认为历史学家应该在尊重历史事实的基础上,将历史写得有趣。要做到这一点,则不能人云亦云,而要"能道人所不能道"。① 在上述研究中,大多强调对历史资料的占有和积累,试图以客观呈现历史之全貌为首要任务,这种就历史而谈历史的方式,容易使研究变成史料的堆积,也难免显得刻板拘谨。而在历史学界,许纪霖指出,近年来,社会科学尤其是社会学的研究方法,极大地影响了西方史学界包括中国史的研究。社会史热也感染了思想史领域,思想史研

---

① 汤因比.历史的话语:现代西方历史哲学译文集[M].张文杰,译.桂林:广西师范大学出版社,2002:序 8 - 9.

究开始社会科学化,不再是从文本到文本,而是在社会学方法论的导引下,重新注重文本与语境的互动,重新回到"外史",回到内在理路与外在理路的交叉叙事。① 可见,从一些新的视角对教育学史进行研究,不失为一个不错的选择,不仅能开拓教育学史研究的思维,也能彰显教育学史研究的活力。

我们应对前辈的贡献充满敬意,对前辈学人所做的研究抱有同情之理解。在研究的内容上,笔者欣然承认,本研究进行考察的很多历史资源都是建立在前人研究的基础之上,之前的很多史料都会成为本研究用来支撑论点的基本元素。然而,只有不断地在前人基础上反思并发展,才能激发新的学科增长点和学术创新点。若是本研究中社会学视角的切入能够改变此前教育学科史研究中单调、整齐划一的解释框架的局面,那么本研究的这趟历史考察之旅,便充满了"发现新风景"的可能性。

三、教育史研究的奠基

教育学史与教育史的关系,是部分与整体的关系。教育学史是教育史的一个组成部分,特指那些以学科形式表现出来的认识。② 在研究的历史起点上,教育学史要晚于教育史,因此,对于教育史内容的了解,不仅可以丰富本研究的史料基础,也可以深化对教育学发展的认识。但是,教育学知识的生产,不是一个组织或者机构,一群学人或一个人就能完成的事,面对如此庞大的领域,为了以后写作的便利,笔者进一步将核心问题"教育学知识如何生产"分解为"什么是教育学知识"(what)、"谁来生产(who)"、"如何生产与传播(how)"三个小问题分别进行历史文献的梳理,主要包括教育学者(教育学知识生产的主体)、教育学著作和期刊(教育学知识的主要载体和传播方式)、教育社团和组织(教育学知识交流的空间)等,从而为研究的顺利进行打下坚实的历史基础。本研究不满足于史料的堆积和罗列,希望向更加甚广的领域拓展,在展现出教育学知识的发展脉络的同时,避免成为"僵硬"的历史。

(一)教育学人的研究

综观对于教育学者的研究,可以分为群体方面的研究和个体研究。

---

① 许纪霖. 没有过去的史学危机[J]. 读书,1999(07):65-71.
② 郑金洲,瞿葆奎. 中国教育学百年[M]. 北京:教育科学出版社,2002:2.

　　群体方面的研究主要有:陈学恂主编的《中国教育史研究》(近代分卷)中,①其中一章就专门从群体研究、个案剖析和相互比较的角度,对在教育现代化进程中各个层面做出重要贡献的教育家、思想家和政治家进行了综合研究。从宏观上研究近代教育家群体所表现出的一些共同特点,如在地域结构上,大多数教育学者都有着沿海、沿江口岸地区的特殊经历;在科层结构上,近代教育家群体结构中,思想倡导与付诸实施往往是由不同的角色来完成,前者多为政治地位低下但思想敏锐的士绅,后者则大多是握有实权而又具有与西方资本主义列强打交道经历的清廷大臣;在知识结构上,中西杂糅、新旧并存是他们共有的特点。在人才观上,则实现了"通才—专才—国民—公民"的转变过程。雷云认为教育学者的形成,不仅是个体主体的知识和技术的习得过程,还包括"学术共同体"和"学术代"的归属和认同,教育学者知识的生产离不开与其他教育知识主体的交往,常人的教育观点不断被他人使用,教育观点逐渐转化成教育观念,才算对教育知识生产做出了贡献,堪称教育学者。② 王毓珣和王颖对中国教育史上著名教育家的分布以及家庭经济状况进行了考察,关于教育家的统计资料显示:乱世与治世、逆境与顺境均能成就教育家。这是因为环境只为教育家发展提供了一定的条件,教育家要善于巧妙地利用环境,并将其转化为正向发展的动力。③ 肖朗和黄国庭对五四新文化运动前后《教育杂志》的作者群体的转变进行了对比研究,包括作者来源及其地域分布的多元化,作者的年轻化和专业化,以及作者求学背景开始从以留日学生为主转变为以留美学生为主,等等。这些变化既体现了《教育杂志》编辑的主观努力,也是五四新文化思潮激荡、留美学生大量归国、新一代教育家崛起等多种因素共同作用下教育界话语权转移的客观反映。④ 黄国庭对于民国时期教育学者的中学办学经历的研究,发现在大学教育系里任教的教育学者中,曾担任过中学校长的达 73 人之多。⑤

　　① 陈学恂.中国教育史研究:近代分卷[M].上海:华东师范大学出版社,2009.

　　② 雷云.教育知识的社会镜像[D].长春:东北师范大学,2009.

　　③ 王毓珣,王颖.教育家与环境[J].教育学术月刊,2013(9):29-33.

　　④ 肖朗,黄国庭.五四新文化运动前后《教育杂志》作者群体的转变:基于量化的分析[J].大学教育科学,2010(03):79-85.

　　⑤ 黄国庭,民国时期教育学者的中学办学经历及其对教学与研究的影响[J].河北师范大学学报(教育科学版),2010(1/2):21-27.

同时,在民国时期的学术界里,教育学者虽屡受学界权威学者的严厉批评,学科地位不甚可观,可是在担任大学校长这一重要职位方面,教育学者却远远多于其他学科学者。①

在对于教育学者的个体研究上,各种资料则数不胜数。相关著作如吴相湘的《晏阳初传》、熊贤君的《俞庆棠教育思想研究》、茅仲英的《俞庆棠教育论著选》、戴伯韬教育文选编写组编写的《戴伯韬教育文选》、中央教育科学研究所和厦门大学合编的《杨贤江教育文集》、宋恩荣编《梁漱溟教育文集》、北京市教育科学研究所编《陈鹤琴全集》、中央教育科学研究所编《林砺儒教育文选》、陈侠和傅启群编《傅葆琛教育论著选》、王承绪和赵端瑛编《郑晓沧教育论著选》、中国陶行知研究会编《陶行知教育思想研究文集》等等,这些研究一般从教育学者的生平事略和著述着手,考察其教育思想的形成和发展。此外,还有很多期刊资料,如于述胜对舒新城和道尔顿制的研究,②对于王国维的研究,③④⑤对民国前期三任教育总长傅增湘的研究,⑥以及从王云五入手,对于民国时期教育界与出版界之间的合作互动进行研究⑦,等等。正是有了上述研究的史料积累以及范例呈现,从而大大增强了笔者进行研究的信心。

(二)教育学期刊与著作

西方新式媒介传入后,学术报刊创立并趋于发达,为学术研究提供了更多的学术交流机会;近代新式印刷及出版技术引入后,逐渐建立起现代出版

---

① 黄国庭.民国时期教育学者出任大学校长考论(1920—1949)[J].教育学报,2009(03):110-120.

② 于述胜.学术与人生:解读舒新城和他的道尔顿制研究[J].北京大学教育评论,2007(04):108-117.

③ 胡德海.王国维与中国教育学术[J].教育研究,2012(12):110-113.

④ 肖朗.王国维与西方教育学理论的导入[J].浙江大学学报(人文社会科学版),2000(06):41-49.

⑤ 肖朗,叶志坚.王国维与赫尔巴特教育学说的导入[J].华东师范大学学报(教育科学版),2004(04):76-82.

⑥ 田正平,阎登科.民国三任教育总长傅增湘[J].浙江大学学报(人文社会科学版),2012(06):153-161.

⑦ 肖朗,张秀坤.民国教育界与出版界的互动及其影响:以王云五的人际交游为考察中心[J].教育学报,2011(03):120-128.

制度,为学术成果迅速公布提供了保障,学术成果交流日益便捷化。教育类著作和期刊是教育学知识主要的存在形态,也是教育学知识进行交流、传播的主要方式。知识的提升(主要的认知因素)和声誉的树立(主要的社会因素)都必然依赖交流,否则也只是个人知识财产而已。本研究不是为了专门研究近代所有的教育类期刊,因此,在文献综述的时候,为了本研究的方便,仅从中筛选对本文写作有帮助的、典型的文献。

对本文有帮助且比较全面的文献主要有杨建华的《20世纪中国教育期刊史论》(由其2005年博士学位论文《中国近代教育期刊与近代教育发展——以上海近代教育期刊为例》改编)以及黄国庭2010年的博士论文《教育刊物与中国近代教育学术》。

杨建华选取上海近代教育期刊为例,系统考察了中国近代教育期刊的历史演变,以及中国近代教育期刊与中国近代教育发展中的教育理论发展、学制嬗变、教育方法变革等问题,揭示了教育期刊在教育发展中扮演的重要角色、采用的传播策略、产生的积极影响,及其对教育发展做出的杰出贡献,此书被誉为"我国第一部20世纪中国教育期刊史研究专著,具有开创性"[1]。黄国庭则从4个时期考察50年间有代表性的教育刊物,侧重分析各刊物中学术论文的变化,并兼顾同时期大学教育学科的发展情况,以求揭示这一时期教育刊物与教育学术之间的互动关系。[2] 在每一时期刊物的选择上,笔者主要研究该时期最有代表性的刊物,或者说办得最成功的几份刊物。为了揭示中国教育刊物进步的状况,笔者拟对前后不同时期的刊物进行比较。因此,除了在不同时期不同刊物间的比较外,笔者还选择了《教育杂志》和《中华教育界》这两份近代存在时间最长、影响力最大的教育刊物,作为贯通4个时期的分析个案,就同一刊物在不同时期的编辑人员、作者群体、刊物内容等多个方面进行比较考察。对于刊物的分析,笔者首先关注的是刊物的主编及其编辑方针的变化。

除此之外,笔者感兴趣的还有周谷平等人对于出版业和大学之间关系的研究,虽然不是专门性的系统研究,但重在启示。周谷平指出,现代出版业的发展与大学的发展关系密切。出版业的发展使图书数量急剧增加,为

---

① 杨建华.20世纪中国教育期刊史论[M].杭州:浙江工商大学出版社,2012.
② 黄国庭.教育刊物与中国近代教育学术[D].浙江大学博士学位论文,2010.

大学教学活动的开展、学术研究的进步、学术交流的便捷,乃至图书馆藏的极大丰富提供了可能。同时,大学的发展及其在学术成果转化中不可替代的作用,又为出版业的兴盛开辟出一片广阔的天地。学者因出版而扬名,出版部门因学术而得利,知识生产与出版间不是彼此隔绝的共存,而是相互渗透、共生,融合成了一个新的利益共同体,也构成了现代学术体制的重要组成部分。① 民国时期,大学、研究机构与期刊常常三位一体,学术期刊为学者发表学术见解提供了平台。学术发表成为年轻学者进入学术场域的重要途径。② 这些,正是本文力图进一步努力呈现的状态之一。

对于教育类著作的研究,多渗透在教育学史的研究中,上文已经有所涉及。侯怀银和叶志坚等人都对近代教育学书籍做了细致的考察和梳理(详见《中国教育学发展问题研究——以 20 世纪上半叶为中心》和《中国近代教育学原理的知识演进——以文本为线索》书后的附录),这些都为本研究提供了雄厚的史料基础,从中受益匪浅。

(三)教育社团与组织

学术研究共同体的形成,从传统"以文会友,以友辅仁"为宗旨的诗会文社,转为探求专门知识之新式学会,为学术发展和交流提供了必要平台。对于教育社团和组织的研究,与教育期刊的研究一样,笔者努力的目标是先对这些有一个总体上的宏观把握,最后经过斟酌考察之后,再选取其中某一个点进行深入挖掘。对于教育期刊和教育社团组织的研究,也可谓是汗牛充栋,而且很多渗透或者零星点缀在教育类的诸多研究中,大体来讲可以分为总体研究和个别研究两类。

关于教育组织总论,早在民国时代,就有学者对这些重要的材料进行了收集,如舒新城的《近代中国教育史料》收录了"各省教育总会联合会议决案""全国各省教育会第一次联合会记略""临时教育会议日记"等。③ 邰爽秋等人则整理了全国性的民间以及官方的教育会议。④《第一次中国教育年

① 周谷平,张雁,孙秀玲,等.中国近代大学的现代转型:移植、调试与发展[M].杭州:浙江大学出版社,2012:150.

② 周谷平,张雁,孙秀玲,等.中国近代大学的现代转型:移植、调试与发展[M].杭州:浙江大学出版社,2012:203.

③ 舒新城.近代中国教育史料:第 3 册[M].上海:中华书局,1928:200 - 231.

④ 邰爽秋.历届教育会议议决案汇编[M].上海:上海教育编译馆,1935.

鉴》和《第二次中国教育年鉴》则对这些教育组织进行了综合整理。《中国
近现代教育史》中后面的附表中则对 1901—1949 这 50 年间的主要学术社
团进行了整理归纳,内容详细。① 个人方面对于教育组织方面的研究则由于
时间、财力等各方面的限制,主要表现为对某一时间段中教育组织。譬如,
桑兵对 1899—1905 清末新知识界的社团与活动进行了研究,他从新知识界
社团活动这一层面切入,对各派趋新势力的人事脉络、相互间错综复杂的关
系、结社活动的地域色彩、群体意识与全国意向的形成等重大问题,重新加
以探讨,其中主要分析了中国教育会、军国会教育这两个教育组织。② 该研
究征举史料之翔实,分析论证较为精密,属开创性的成果。针对某一个教育
组织的历史发展进行的研究则数不胜数,整理起来也较为庞杂。以中华教
育改进社的研究为例,我们就可以看到。譬如易铁夫的《陶行知与中华教育
改进社》(中国陶行知研究基金会会讯,1997 年 Z1 期);涂怀京的《中华教育
改进社对于 20 年代教育科学化的贡献》,福建师范大学学报(哲学社会科学
版),1999 年 3 期;卢浩的《中华教育改进社——近代中国模仿美国教育的推
进者》,华东师范大学硕士学位论文,2003 年;赵洁的《中华教育改进社与近
代中国教育》,北京师范大学硕士学位论文,2005 年;何树远的《中华教育改
进社与民国教育界(1919—1928)》,中山大学博士学位论文,2008 年;杨卫
明的《中华教育改进社的教育交流活动论略》,成都大学学报(教育科学
版),2007 年 12 月;杨莲的《陶行知与中华教育改进社》,南京晓庄学院学
报,2008 年 1 期;何树远的《胡适与中华教育改进社》,江西社会科学,2008
年 12 期;黄少明的《中华教育改进社年会有关图书馆议决案对中国图书馆
事业的影响》,国家图书馆学刊,2009 年 3 期;柯小卫的《群英荟萃中华教育
改进社》,生活教育,2010 年 4 期,等等,这些文章都从不同的视角对于同一
个教育组织进行了深入的研究,对本研究的进行都有着一定的启发意义。

四、方法论视域的构成

(一)社会学视角的选取

奥·布莱恩曾经用万花筒的例子来说明一种理论的作用:

---

① 教育大辞典编纂委员会.中国近现代教育史[M].上海:上海教育出版社,1991:439-458.
② 桑兵.清末新知识界的社团与活动[M].北京:生活、读书、新知三联书店,1995:196-272.

万花筒……(是)儿童玩具,由一根管子,一些棱镜,很多半透明的彩色玻璃或塑料碎片组成。当你转动管子,透过万花筒的棱镜看进去,可以看到底部的形状和颜色变化。管子转动了,不同的棱镜发挥作用,颜色和形状的组合模式随之变化。同样的,我们可以把社会力量看作是某种万花筒——通过转换理论视角,被观察的世界也会改变形状。①

一种理论的提出是对一定事实的概括和抽象,不存在一种完美的、"包打天下"的理论。当一个理论无法解释一些现象的时候,另一个理论就萌发了。因此,选择一个视角就是选择一种理论解释,这是进行研究的前提。本研究中社会学视角的选取有着以下几方面的原因。

历史学者田亮认为,对史学发展史的研究向来有两种取向:一种是学术史的研究取向,即研究史学学术发展演变的过程;另一种是社会学的研究取向,即研究史学特点和特定时期社会之间的互动关系。前者研究的意义在于对史学学术工作进行总结,其读者对象大概只限于专业的史学工作者;而后者研究的意义,一方面是把史学作为特定时代社会思潮的一种折射,考察社会文化对史学家治史的影响,另一方面则研究作为一种知识形态的史学是如何影响一定的社会的政治、经济、文化的。② 布罗代尔(Fernand Braudel)也曾说过,历史学和社会学是经常汇聚到一起,相互认同,甚至融为一体。其原因很简单,一方面,存在着趾高气扬的历史学的帝国主义。另一方面,二者的性质相似,历史学和社会学史是仅有的两门总体科学,二者都能够把自己的研究扩展到任何社会现实的任何方面。③ 可见,史学与社会学之间的关系是如此之密切。如果我们说历史学注重时间发生的先后时间顺序,强调具有转折点意义的历史事件的话,那么社会学的努力则在于能够对这些历史事件有一个整体性解释的能力。同时,社会学这种宏大的解释模式很容易僵化,因此需要在与历史的对话中不断丰富自身。历史与社会学的结合,才能将历史的故事以更立体、丰满的形式展现出来。

此外,鉴于研究的对象和目的,社会学视角的采纳是较为适切的。米尔

---

① 希尔弗曼. 如何做质性研究[M]. 李雪,张劼颖,译. 重庆:重庆大学出版社,2009:83.
② 田亮. 抗战时期史学研究[M]. 北京:人民出版社,2005:1.
③ 布罗代尔. 论历史[M]. 北京:北京大学出版社,2008:77.

斯说:"能够信任自己的体验同时又不盲从,这是一位成熟的治学者的标志。"①即便我们充分相信自己对教育学知识的认知能力,也必须保持好奇和质疑。如果把教育学看作一种知识生产活动,需要注意以下三个方面:首先,教育学知识生产的社会、学术环境问题是影响学科发展的关键。特殊的政治、经济和文化等因素,以及教育学发展的内部规律,共同制约着教育学知识的生产。同时,教育学知识的生产状况也深刻地影响着社会和国家中教育的水平,以及人们的教育观念。因此,探求教育学知识生产的动力机制有两条不可分割的基本思路:一是从社会变迁和历史发展的角度探求教育学知识生产的外部原因,二是从学科自身发展过程特别是理论建构过程所经历的变革探析催生教育学知识生产的内部因素。其次,理解并研究教育学知识的生产方式及其演变是理解教育学知识生产及其学科发展规律的关键。教育学知识生产方式是在教育学知识生产过程中形成的人与人、人与社会之间相互联系的体系。它不但包括个体的认知、思维、心理活动以及研究活动,而且包括知识生产系统中负责生产并传播知识的个人或集团组织(如大学、社团组织、出版社、政府等)之间的复杂关系作用。第三,教育学知识的生产不仅仅是按照知识增长的内在逻辑或者是只遵循知识生产者个体的生理、心理特性发展的,也绝非借用学习心理学的一套理论机制就可以解决的问题。从发生学的角度考察,富有生命力的教育理论通常源于个体理论的创新,而后以公开出版物的方式引发讨论,再经共同体的反驳、发展、完善,最终建构生成相对性的理论体系。② 因此,将教育学发展视为一种知识生产活动,内在地要求与社会学、历史学等视角的研究进行整合。

综上,历史的碎片和记忆仿佛就是一颗颗散落在地的珍珠,针对不同的问题,从不同的角度,用不同的方式将其串联,就会形成别样的景致。"就史论史"的方式已经不足以解决本研究的问题,社会学视角的切入,带来了一种"他者"的眼光,可以让我们看到一个别样的教育学发展史。从社会学的视角出发审视学科危机,对教育学知识生产的整个过程、机制、流程等进行

---

① 米尔斯.社会学的想象力[M].2 版.陈强,张永强,译.北京:生活·读书·新知三联书店,2005:213.

② 曾茂林.富有生命力的教育理论创生机理研究[M].长春:东北师范大学出版社,2012:4.

全面的事实考察和逻辑清理,亦不失为突破学科发展瓶颈之路。

(二)柯林斯"互动仪式链"理论的启发

社会学视角的确立为本研究打开了新的创造空间。然而,社会学理论林林总总,仍需进一步细化。在多重的选择中,本研究决定从"互动仪式链"理论的视角入手。"互动仪式链"(Interaction Ruitual Chains)理论是美国社会学家柯林斯(Randall Collins,1941—)在其长达25年的研究成果——《哲学社会学:一种全球的学术变迁理论》(1999)一书中,通过考察不同文明社会中知识分子阶层及其思想观念的变迁而提出的一种"知识传承和创新的解释模型"。[①] 具体来讲,选取该理论作为本研究进行的视角,主要基于以下几点考虑。

首先,柯林斯"互动仪式链"理论的前提假设是将冲突看作是学术界的滋养,学术生活的社会学的实质就是知识分子为占据学术界的创造高峰而进行的斗争,以及使这些创造高峰相互联系的条件。[②] 这一前提假设就有效地对之前那些诸如"观念产生观念""个体产生观念""文化生产自身"以及"万物皆流"等观点进行了批判,解决了笔者关于知识产生的根源问题的很多困惑。柯林斯将这些看作是简单的还原主义,并向我们展示了一种超越外部简约主义社会学的思路,即聚焦于学术网络的社会学,关注思想形态本身,也就是关注学术共同体的网络机制所提供的思想的内部社会学的分析。柯林斯证明了,"如果人们能认识到决定学术网络的原则,就能对各种观点及其变化做出因果解释"[③]。

在柯林斯看来,知识分子的创造不是随意的,而是有迹可循的,知识分子的学术网络才是产生观念的根本原因。其中,个人链条间持续的斗争、情感能量和文化资本三个要素是构成学术网络的三个基本要素。当个体进入学术网络时,便有了自己的互动仪式链条,依据自身所面临的群体情境的普遍性以及社会联系程度的不同,个体将获得抽象程度不同的文化资本,并具

---

① 陈心想. 知识的传承创新与知识分子社区[J]. 读书,2004(11):132-137.

② 柯林斯. 哲学的社会学:一种全球的学术变迁理论:上[M]. 吴琼,等译. 北京:新华出版社,2004:89.

③ 柯林斯. 哲学的社会学:一种全球的学术变迁理论:上[M]. 吴琼,等译. 北京:新华出版社,2004:前言2-3.

有参与互动仪式的情感能量。这种情感能量是长期的,与短暂的情感爆发是不同的,情感能量的高低波动取决于个体新的社会体验以及与共同体的互动。一般来看,群体高层的成员仪式有比较高涨的情感能量,而群体底层的成员仪式的情感能量则要温和得多。① 另外,知识分子之间不时地以面对面的仪式以及阅读、思考、写作等方式来交流文化资本。当某一群体就某一学术领袖提出的思想获得高度一致时,那个人就成为这个群体的神圣客体。② 个人思想观念的提出即是在具有关系网络以及论敌的情况下产生的,情感能量和文化资本则依附于各种冲突之中,填充着为数不多的关注中心。③ 因此,在知识创造中存在着一种社会的因果关系,"互动仪式链条的流动不仅决定着谁具有创造性和什么时候进行创造,而且决定着他们将创造什么"④。学术群体、师生链条、同时代的竞争对手,则共同构成了结构性的立场,学术创新就是在这里面发生的。我们常常可以看到与创新的程度和创新的领域类似的学术活动几乎总是集中于同一个时期,即重要的哲学家总是成双成对地出现,相互竞争的观点也是同时提出。这些冲突——立场之间的种种差异——无疑是知识分子最宝贵的财富。⑤ 以上这些颇具见解的看法与解释给笔者看待教育学知识非发展史提供了一个有力的"挖掘"工具,即寻找观念之间的冲突与分歧成为本研究进行的第一步。

其次,柯林斯认为学术界是一个分层结构,进一步完善了关于学术界冲突的解释。虽然最完整的学术分层的研究多集中在科学领域,但柯林斯用他的实际研究向我们证明了在哲学领域,以及绝大部分人文科学领域(可能也包括艺术领域),都有着相似的基础结构。学术界知识分子的知识生产率是极其不均衡的,生产大量知识的机会是与生产者的数量成反比的,即知识

① 柯林斯.哲学的社会学:一种全球的学术变迁理论:上[M].吴琼,等译.北京:新华出版社,2004:17-18.

② 柯林斯.哲学的社会学:一种全球的学术变迁理论:上[M].吴琼,等译.北京:新华出版社,2004:26-27.

③ 柯林斯.哲学的社会学:一种全球的学术变迁理论:上[M].吴琼,等译.北京:新华出版社,2004:导论19.

④ 柯林斯.哲学的社会学:一种全球的学术变迁理论:上[M].吴琼,等译.北京:新华出版社,2004:51.

⑤ 柯林斯.哲学的社会学:一种全球的学术变迁理论:上[M].吴琼,等译.北京:新华出版社,2004:导论8.

分子共同体的形态呈现出明显的金字塔形。柯林斯赞同普莱斯关于科学家分层的层级结构,并认为"科学家的情形确实适用于所有的人"①。也就是说,在一个学术共同体内部,大致存在着五个层级,分别是:(1)科学明星(占绝对少数);(2)内部核心——顶级生产者(占总浮动人数的1%～2%);(3)外部核心(占总浮动人数的20%);(4)短期活跃分子——发表一定量的论文或是短期的生产者(占总浮动人数的75%～80%);(5)受众和未来的科学家(为浮动人数的10～100倍)。至于每个个体在学术共同体的互动仪式链中处于哪个层次,则有赖于通过一系列的障碍,主要的障碍便是其处女作的发表以及接下来持续不断的著作的完成,才得以使其不断向高产的精英核心领域迈进。论文的质量与个体知识分子的名气以及共同体的知识生产率的大小是密切相关的。

正是由于学术界分层结构的存在,便意味着知识分子进入核心领域的通道是有限的,因而冲突与竞争便不可避免。个体的文化资本、人际关系、个人精力、家庭情况以及资金多少等因素,都会成为个体进行学术研究与知识生产的重要条件,即柯林斯所说的,"如果我们知道交谈双方在可能互动的市场内的文化资本、情感能量及其立场的一般特征,就能预见到他们相互之间可能会说些什么"②。因此,柯林斯认为,不论成名的模式是什么样的,有些个体总是比别人更容易获得使其扬名的文化资本。这并非取决于个体性格,而是取决于个体在互动仪式链中的机遇结构。③ 这一论断的提出,为笔者认识教育学界的学术网络结构及其运作特点提供了基础性的理论支撑,成为奠定本研究顺利进行的基本思想。

第三,柯林斯的理论较好地达到了微观与宏观视野的融合,有利于我们更加完整地展现教育学知识生产的历史。柯林斯和大部分冲突理论家不一样,柯林斯的研究还吸收了米德、舒茨、戈夫曼等人的微观社会学的思想,但是他又不仅仅限于对微观事物进行分析。柯林斯认为应从微观的社会情境

① 柯林斯.哲学的社会学:一种全球的学术变迁理论:上[M].吴琼,等译.北京:新华出版社,2004:38.

② 柯林斯.哲学的社会学:一种全球的学术变迁理论:上[M].吴琼,等译.北京:新华出版社,2004:43.

③ 柯林斯.哲学的社会学:一种全球的学术变迁理论:上[M].吴琼,等译.北京:新华出版社,2004:29.

进行分析,因为每一个事件作为一种特殊事件都是在此情此境中发生的,整个人类的历史就是由各种情境构成的,所谓社会结构即"互动仪式链",它在时间上经由具体环境中的个人之间不断接触而得到伸展。假如个人相互间一再接触,则社会就会出现互动的结构。当人们越来越多地参与社会际遇、扩展际遇多发生的物理空间,社会结构就变得更具有宏观倾向。① 同时,这些宏观结构反过来也会影响互动。可见,柯林斯用"互动仪式链"将微观情境与宏观结构联系在一起,形成了一个理论连续统。因而,在柯林斯看来,社会学理论应该特别关注随时间而扩展的互动仪式链。当这种仪式链持续数年,它便代表着个人长年活动的生活史。如果它经过世代继承流传下来的话,那就成为谱系学的一部分。

具体到学术观念的产生上,虽然柯林斯认为,经济和政治的宏观结构不能充分地解释抽象观念,但是柯林斯也承认,外在的组织基础"保卫"着微观的核心力量,譬如大学、出版商、教会、帝王资助者,以及物质资源的其他提供者,"他们的组织机构影响着学术领域的基本形态,尤其性命攸关的是危机时刻出现的从业渠道的重组,以及引发的关注空间的重组,这种重组是最伟大的创造时代的基础。最后,还有最大的结构即培育这些组织的政治和经济力量"。这些外部的宏观因果关系虽然不能直接决定思想的创造,也不会为维系学术职业的组织的稳定或变化提供直接的推动力,但会在他们内部的网络中留下自己的烙印。② 另外,在外部力量过于强大的时候,学术共同体发展的自由度会受到限制。因此,这便需要我们从微观和宏观两个方面对教育学知识生产的过程进行理解:一方面应该注重引发学术网络内部的裂变和联合,另一方面也要注意引发内部重组的物质基础方面的外部变化。

第四,柯林斯的"互动仪式链"理论不是简单地停留在理论思辨的基础上,而是他自己花费了 25 年时间进行实际研究的产物。在《哲学社会学——一种全球化的学术变迁理论》中,柯林斯通过对古希腊、中国、日本、印度以及中世纪基督教世界和现代欧洲的哲学思潮进行追溯,并从中提炼

① 特纳.社会学理论的结构[M].吴曲辉,等译.杭州:浙江人民出版社,1987:535.
② 柯林斯.哲学的社会学:一种全球的学术变迁理论:上[M].吴琼,等译.北京:新华出版社,2004:48.

出了一种全球化的学术变迁理论,"展现了世界历史中最为悠久的学术网络冲突和联合的机制"①,这个结果便是"互动仪式链"理论。该书是本研究的理论根基,很多富于启发性的思路和思想的火花都来源于此。如此大部头的巨制,也绝非笔者在此寥寥数笔就能概括出来的,笔者将在"适切性"的基础上,对柯林斯的互动仪式理论进行援引和借鉴,通过学术史去考察教育学历史发展过程中得以形成的联系和能量的网络,并努力将柯林斯的一些见解渗透于全文之中,以达到本研究的目的。

但是,任何一种理论都有着自身的不完善性,柯林斯的理论也不例外,其本身的不足主要体现为以下几点。首先,柯林斯虽然很好地解释了学术群体如何生产观念(知识),但在首先如何获得观念(知识)方面并没有充分地阐述清楚。柯林斯只是说,个人的互动仪式链条是观念产生的一个重要源,而在这个问题上,社会学家可以持基本的冲突视角,也可持包含交换理论或者理性选择理论的视角。其次,"当柯林斯谈及大规模的社会过程时,他显然就放弃了对微观互动仪式链的讨论,即很少会提及微观水平上的个人"②。这也就表明,虽然微观与宏观在理论上我们可以将其看作是一个连续的统一体,但是在具体分析的时候,则必然会造成对二者的割裂,无法兼得,因而导致一些分析较为勉强。第三,在柯林斯对哲学发展的学术史进行社会学研究的过程中,我们会发现,"我们的望远镜根本不能集中在唯一一个焦点上。我们至多只能看见互动链条和长时段的轮廓及其产品,亦即那些著名的思想,因为它们一直以来是与争论相伴而行的"③。这也就预示着,我们在进行学术史考察的过程中,也只能关注到那些存在较大冲突和分歧的观点,以及一些著名的人物。

选择一种理论的优点的同时,也必须接受其不足。纵然柯林斯的理论存在一些无法避免的问题,但是柯林斯所提出的将社会和学术组织结构、个人资源的平衡联系在一起的这个分析框架还是非常有效的,在柯林斯"互动

---

① 柯林斯. 哲学的社会学:一种全球的学术变迁理论:上 [M]. 吴琼,等译. 北京:新华出版社,2004:导论1.

② 特纳. 社会学理论的结构[M]. 吴曲辉,等译. 杭州:浙江人民出版社,1987:557.

③ 柯林斯. 哲学的社会学:一种全球的学术变迁理论:上 [M]. 吴琼,等译. 北京:新华出版社,2004:50.

仪式理论"丰厚的研究成果的基础上,我们可以获得一些关于教育学知识的生产的深刻、有效的阐释理论。若能将内部社会学对于观念的因果分析与外部社会学对于观念产生的一般条件的解释结合起来,便能从微观与宏观相结合的视角对教育学知识生产进行整体上的考察,这对于理解教育学知识的生产机制大有裨益。

拉格曼(Ellen Condliffe Lagemann)也曾说过,"我不认为教育学术的历史仅仅是一个孤立的知识领域的历史,而是一个持续不断、充满着各种各样社会价值和思想观念的过程。这些社会价值和思想观点在对教育以及教育研究的争论中最清楚地表现出来"[①]。鉴于此,笔者选取柯林斯"互动仪式链"理论的视角,尝试从学术冲突的侧面窥探教育学知识的生产路径,展现教育学界如何在中国社会中艰难求生并伺机发展的,从而达到理解教育学、发展教育学的目的。当以一种新的视角"重访"近代的时候,也许会发现不一样的风景。

第三节 研究限定、思路与方法

一、研究限定

学术史的经验告诉我们,一种理论的提出,应该使其具有相对精准的外延,并且能够在可操作的层面进行持续不断的意义生产,这种理论才可能是有生命力的。[②] 虽然波普尔曾表明,即使在没有基本假设的共同框架的情况下,参与讨论也是可能的,但他自己也承认,"如果框架之间没有什么共同之处,讨论也会是困难的,框架间重叠部分越大,讨论就越容易"[③]。因此,为了使本研究的讨论"令人愉快"并"富有成效",需要首先对一些基本问题进行限定。鉴于笔者的时间、能力,以及研究的可行性、操作性等原因,也必须对本研究的范围进行适当的"裁剪"。一方面可以免除很多不必要的误解,另

---

① 拉格曼. 一门捉摸不定的科学:困扰不断的教育研究的历史[M]. 花海燕,等译. 北京:教育科学出版社,2006:序 xiv.

② 杨念群. 中国史学需要一种"感觉主义"![J]. 读书,2007,(04):50-57.

③ 波普尔. 通过知识获得解放:波普尔关于哲学、历史与艺术的讲演和论文集[M]. 范景中,李本正,译. 杭州:中国美术学院出版社,1996:64.

一方面为本文的研究顺利进行打好基础,避免盲目性。

(一)研究性质的限定

根据不同的研究性质,社会科学研究可以分为理论性研究和应用性研究。所谓理论性研究,是指以揭示某种社会现象的本质及规律为主要目的的研究,研究的本身是为了验证并丰富以往的理论成果。理论性研究属于基础研究,对任何学科来说都是必不可少的。所谓应用性研究,是指为提出解决某种社会问题的具体方案而进行的调查研究,研究本身是为了应用。① 周雪光将学术研究分为"解释式"(Explanatory)研究和"规范式"(Normaive)研究。前者着眼于实际生活中的现象问题,从社会科学的某一视角来分析解释这些问题作为研究目标,后者则关注从某一理论框架和价值体系出发"应该怎样做"的问题。② 本研究从社会学的视角对教育学知识生产的历史进行考察,探索教育学知识生产的机制和路径。因此,本研究属于理论性、解释性研究。

(二)研究范围的限定

首先,在研究内容上,欲勾勒一段时期中"知识版图"的轮廓及内容不是一件容易的事情。尤其是清末民初已经进入"世界在中国"的情形,西方及日本的思想、知识资源大量涌入中国。③ 也就是说,无论如何我们都不能获取当时教育学知识的全部。正如彼得·柏克(Peter Burke)对 16~18 世纪300 年间人类的知识社会史进行研究一样,"既不可能也没有必要将所有的知识都一网打尽"。囊括所有的教育学知识的文本或人力资源,就笔者的能力来说也是一件不可能的事情。但是,对历史的分析和重现,都必须建立在一定的史实基础上,而不能凭主观妄自评断,更不能想当然地用史实去削足适履地填塞主观臆断。本研究本着基本的史学精神,在研究的过程中,每一阶段的分析都以当时教育学知识的实际存量为基础,以防止出现从西方教育学的发展去"倒推"中国教育学发展的现象。然近代史的史料异常庞杂,非经一番穷尽史料的工夫,无法弄清史实的来龙去脉。笔者尽可能地尊重史学的规范性,以完善自身的论证。但鉴于自身能力的不足,在原始资料的

① 林聚任,刘玉安.社会科学研究方法[M].济南:山东人民出版社,2004:73.
② 周雪光.中国国家治理及其模式:一个整体的视角.学术月刊[J].2014(10):5-11.
③ 王汎森.中国近代思想与学术的系谱[M].长春:吉林出版集团责任有限公司,2010:184.

挖掘和编排上仍存在不足,使得本文的严谨度略有降低。再加上有些历史事件,在史学界仍有异议,使得研究的难度再次加大。不过,只要本文对于人们认识"教育学知识是如何发展"这一问题能有些许的帮助,那么本文的目的便达到了。

其次,在研究时间上,本文所谓的"近代教育学"理论,其中的"近代"的范围,与一般历史上的"近代"范围有所不同。中国教育学的产生在20世纪初之前都是以较为零散的教育思想、教育理论形式存在的,因此,本研究将时间段定在1901~1937年之间。但由于历史的发展有着一定的连续性,很难在时间上将其硬性切断,因而文中的有些讨论难免会"溢出"这个时间之外,但全文的重心不会改变。

选择这一个时间段的原因还在于,陈桂生曾指出,在教育学发展的历史中,虽然"其中不少名噪一时的教育学家、教育学派、教育著作几为历史烟尘埋没",但是"当时许多见解及思路往往比教育学成果更重要;放在前人面前的许多教育学课题,有些至今仍未完全解决,以致19世纪教育学领域不少争议,在当代教育理论界又重新展开"[1]。可见,教育学知识的诸多问题与危机在教育学产生之初就已经理下了伏笔,直到今天,寻求解决每个问题的具体办法的强有力倾向仍然存在。求助于历史,是我们解决当今问题的一种良策。

近代可谓是教育学思想和学术的开端,西方的学科制度和知识系统进来了,传统的中国思想和学术面临着重组和重新的阐释。中国传统学术思想转型的地方,也是教育学知识最初形成的地方。近代的学术背景有着传统与现代之间的交叠互错,导致影响教育学知识生产的因素也较多。问题的复杂性会带来研究的兴奋点,越复杂越搞不清楚,写起来越有意思,本文也就越有用武之地。

(三)研究立场的限定

所谓"立场",即考察问题的立足点和态度,站在什么样的立场上看问题,便会有什么样的结果。

1840年,西方的坚船利炮打开了中国封闭已久的大门,"带来了数千年

---

① 陈桂生.历史的"教育学现象"透视:近代教育学史探索[M].北京:人民教育出版社,1998:3.

未有之变局"。美国学者费正清(John K. fairbank)认为中国是一个闭关自守、停滞衰落的社会,中国的一系列变革是对西方的冲击所做出的被动回应,这即是盛极一时的"冲击—回应"模式(impact – response modle)。后来的美国学者列文森(Joseph R. Levenson)也随即站在"西方中心观"的角度提出了"传统—近代"模式,认为受儒家文化影响的中国与提倡科学理性的现代西方是相对立的,而且他断言"中国社会无法独立实现某种以科学理性为其内在精神的近代化转变"①。美国学者柯文《在中国发现历史——中国中心观在美国的兴起》一书的出现,不仅对上述的"冲击—回应"模式和"传统—现代"模式进行了否定,而且重新提出了新的"中国中心观"的解释模式。柯文认为,这些模式都带有浓厚的西方中心性质,这种性质剥夺了中国历史的自主性,使它沦为西方的思想附属物。② 中国在前一世纪对西方回应的这段经历,必然是极为错综复杂的。在这一时期所发生的许多事情尽管具有历史的重要性,但与西方冲击并无关联,或者关联甚少。③ 因为,"作为整体的西方"从来没有对任何社会产生或任何冲击。甚至当中国人谈到"全盘西化"时,在他们心目中实际上也并不是用西方的社会与文化来机械地代替中国的社会与文化,而是按照经过精选的、他们心目中的西方形象来改造中国。④ 因此,柯文提出应"走向以中国为中心的中国史",即"把中国历史的中心放在中国"。

柯文的这种转向,对于中国近代史研究以及本研究所关注的教育学发展的近代史研究领域来讲,有着巨大的方法论意义,换句话说,即从以前的"从世界看中国",转变为"从中国看世界"。按照此路径来观察教育学便能发现,教育学一直被称作舶来品,并被认为是与中国传统文化相脱离的外来产物,研究教育学的路径也是"先学日本,后学美国,再仿苏联",中国教育学自身的自主性和独立性都被遮蔽。但是,转换研究立场之后,我们便发现,

---

① 埃文思.费正清看中国[M].陈同,罗苏文,译.上海:上海人民出版社,1995:198.

② 柯文.在中国发现历史:中国中心观在美国的兴起[M].林同奇,译.北京:中华书局,2002:168.

③ 柯文.在中国发现历史:中国中心观在美国的兴起[M].林同奇,译.北京:中华书局,2002:8.

④ 柯文.在中国发现历史:中国中心观在美国的兴起[M].林同奇,译.北京:中华书局,2002:5.

纵使教育学是一个"舶来品",但教育学与中国近代社会的转变是分不开的,从事教育学知识生产的人也生长于中国传统文化之中,这些难以割舍的联系,都使得教育学知识不仅仅是纯粹的"无根之学"。教育学在中国的成长,既不是完全照搬,也不是土生土长,而是中国教育学人在传统的社会、文化、教育的土壤中,在逐渐向现代化的转型中,通过不断的选择和摸索完成的。因此,在总结中国教育学发展历史的时候,不能用西方教育学的发展脉络来想象、限制甚至替代中国教育学的发展历程。

在阅读一些文献的时候就发现,很多现在人对于以往教育学发展史的认识,总是抱着一种"西方以前有,中国以前肯定也有"的心态,但是从一些近代教育学文本的情况来看,"很多西方当时有的,中国未必有",因此在阅读这些文献的过程中,不免使人产生混乱之感。同时,我们还可以看到,西方教育学在华传播并被国人所接受,有着时间上、空间上等多种限制。在这些不同因素的控制之下,会出现一种"时空位移"的状态。也就是说,在西方已经"过时"的东西,等到它传入中国的时候,却像"新的"一样。或者由于文化上的原因,导致西方出现的一些教育学因素,会被国人自动"过滤"或"排斥"掉,导致其视而不见,不被重视,等等。这种时差上的问题,影响着我们对于很多问题的理解和思考。因此,我们应该站在中国的立场上去审视中国教育学的发展,看看那些外来因素是如何一步步在中国扎根、发展。总之,欲走出教育学的危机,我们不能"照着讲",也不应该"接着讲",而是应该"自己讲"。

二、研究思路

教育学知识是教育学发展的基础和必要前提,解决教育学学科问题的根本在于教育学知识。然而,人们过多地关注什么是教育学知识,而忽略了教育学知识是如何生产的这一问题。本研究试图从"互动仪式链"理论的视角重新审视近代教育学人从事知识生产的筚路蓝缕之路。这就要求我们在具体研究的时候进行细致的梳理,在厚实的史料支撑的基础上,考察教育学知识生产的内在理路和外部契机。

第一章绪论部分,主要介绍本研究的缘起,提出本研究的核心问题,并对学界已有的相关论题的研究进行细致爬梳,从而确定进一步的研究方法与路线。

第二章则从宏观上对近代教育学知识生产的社会文化条件进行了勾勒,主要回答的问题是:教育学是在什么样的社会条件下移植到中国,以及这些外在条件对于教育学知识的内在决定性与塑型作用。研究指出:近代学术分科制度的形成是教育学知识生产的前提和限制;现代知识分子的聚集是教育学知识生产的人力保障;在从"学"到"教"的转变下所形成的教育救国与师范教育的勃兴是教育学知识生产的动力与禁锢。

第三章将镜头聚焦于教育学界这样一个学术网络结构,指出近代中国教育学知识的生产已经形成了一套初步的学科范式,相关的学术机构与学术共同体也得以建立,一个以教育学知识生产者的交往为核心,由大学、学术组织、学术刊物所构成的网络基本成形。同时也表明,教育学知识生产行动在很大程度上是一种社会性活动,拥有不同文化资本、情感能量的学人之间的互动仪式构成了教育学界的一切。

第四、五章则进入本研究的核心地带。冲突和分歧作为学术生活的滋养,催生着知识的不断创造。在充分占有史料的基础上,结合柯林斯的互动仪式链理论,从源头上开始梳理教育学知识的生产过程。研究发现,在教育学知识生产的过程中,总是存在着两条相互交叉的学术链条,分别是哲学取向的教育学和科学取向的教育学。除此之外,还有一股外在的政治力量,三者之间的冲突与对峙形成了知识生产的关键结构,从而奠定了整个教育学知识生产空间的"总基调"。这些在第四章中主要表现为"孤军奋战"的王国维教育学、"集体行动"的杜威学派以及"短暂"的国家主义教育学之间的冲突。随着外在条件的逆转以及学术网络的重组,新的创造性开始在新一代的学人中出现,引发了学术创造的又一次浪潮,便有了第五章中所呈现的内容。其中,出现了以科学主义为特征的桑代克教育学对于杜威实用主义教育学的超越,以及在此刺激下文化教育学的复苏迹象。然而,这些学术链条的维持以及知识积累的机会最终被外在的政治之力所打断,以阶级力量为基础的新民主主义教育学大获全胜。之后,知识创造的过程虽然没有完全停滞,但是创造的自由度却被大大削弱。

第六章在研究发现的基础上,进一步对论文的主题进行总结,分别从"学人互动与知识生产""学术与政治"两个方面进行了深入的阐述和分析。

最后,试图对"天才为何成群地来"这一问题进行回答,指出"为关注空间而竞争的网络结构"决定着教育学界知识的创造,决定着教育学知识发展的故事情节。在网络角逐最为拥挤和激烈之处便是"天才成群"出现的时刻,也是教育学知识生产的高峰。

三、研究方法

对于一个研究对象,选择什么样的工具(方法)进行钻研,工具是否适切,在很大程度上决定着能否"做好"的问题。开展研究需要着重考虑的是研究方法与研究对象的适切性。基于此,本文主要采用了如下的研究方法。

1. 历史研究法

历史研究是以"过去"为中心的研究,利用历史文献资料去描述、分析和解释过去的过程,是通过搜集某种教育现象发生、发展和演变的历史事实,加以系统客观的分析研究,从而揭示其发展规律的一种研究方法。[①] 历史研究最大的特点是它本身并不创造事实,而是力图发现正以某种形式存在的事实,这在一定意义上也构成了它的局限。本文主题中的"近代"两个字本身就已经和历史紧密联系在了一起,因此,这种方法是进行本研究的重要工具。

2. 文献法

文献法可以算得上是人文社科研究的"大众方法",本文的研究也是建立在对已有研究文献的阅读和学习基础上,借鉴一些优秀研究成果的思路、观点和研究设计。本文由于研究范围较广,需要收集的资料很多,关于近代教育学的各种书籍、期刊、报纸,以及关于近代社会的历史、政治、经济、文化等方面的背景材料,等等,都是本文需要关注的范围。

需要指出的是,上述这两种研究方法不是割裂的状态,也不是本文进行研究的唯一工具。在寻求问题答案的过程中,"所有用得上的资源都是有益的,不管中西,也不管新旧"[②]。一个好的学术研究,所有的方法都会熔为一炉,凝聚在作者的心中,渗透在文章中的每一字中,因此,在实际的研究过程中,笔者将以开放的心态,利用一切可以利用的资源和方法来进行研究。

---

① 裴娣娜.教育研究方法导论[M].合肥:安徽教育出版社,1999:83.
② 王汎森.执拗的低音:一些历史思考方式的反思[M].北京:生活·读书·新知三联书店,2014:序言4.

第二章　教育学知识生产的社会图景

教育学知识生产与教育学知识生产者、教育学知识生产的场域密切相关。教育学知识生产就是知识生产者在场域中不断地反思性建构的过程，社会场域在建构教育学知识共同体基本结构的同时，也建构了教育学知识的基本特征和知识呈现的方式。本章试图对教育学在中国"扎根生长"的历史"土壤"和文化生态进行分析，主要回答的问题是：教育学移植到中国的社会条件分析，以及这些外在条件对于教育学知识的内在决定性与塑型作用。研究指出：近代学术分科制度的形成是教育学知识生产的前提和限制；现代知识分子的聚集是教育学知识生产的人力保障；在从"学"到"教"的转变下所形成的教育救国与师范教育的勃兴是教育学知识生产的动力与禁锢。

第一节　学术分科制度的形成

"知识分类绝不是对于内容的一种无原则安排，而是我们观察世界和切分世界的方式"，"一种知识分类造就了一种切分和悬拟世界的视野"。① 西方学术分科观念带来了中国学术人的一场世纪大审判，在"援西入中"过程中引发的"知识样式"转化，②传统学术之路的断裂，每一个知识人将何去何从，是一个严峻的考验。教育学作为一个"舶来品"欲在中国扎根，不仅是一个国人如何理解教育学的问题，更是中国的现实是否存在接受教育学的土壤的问题。当且仅当在这些条件相契合的情况下，教育学才能顺利地"移植嫁接"到中国。在西学东渐的不断入侵下，学术分科制度的确立为"教育学"

---

① 吴刚.知识演化与社会控制：中国教育知识史的比较社会学分析[M].北京：教育科学出版社，2002：68.

② 章清.传统由"知识资源"到"学术资源"：简析20世纪中国文化传统的失落及其原因[J].中国社会科学，2000(4)：190-208.

开辟了"容身之地"。中国传统知识体系在西学的强大冲击下,开始逐渐进入专业化、制度化发展阶段。学术的分科孕育了专业化的教育学人群体,建立了新的知识权威,引导着教育学知识的变迁。整个社会情境中的各种因素交织在一起,潜移默化中型塑着教育学知识的内容、形式与功能。

一、西学的冲击

中国教育活动的历史源远流长,积累了丰富的教育实践和卓越的教育思想。据记载,我国有组织的学校教育最早可以追溯到夏商时期,在长期的历史发展过程中,产生了很多著名的教育家,孕育了无数经典的教育思想,可谓群星灿烂,百花齐放。特别是以儒家为代表的教育思想,更是独领风骚,连绵数千年。但是,为什么在中国丰厚的教育思想里却没有产生作为一门学科的"教育学"? 刘庆昌认为,这是由于"教育知识在古代的时候很长一段时间都是以教育思想的形式存在的",而欧洲的"教育思想"形式的教育知识阶段比较短,所以"欧洲比中国更早地进入到了教育认识的专门化(教育理论)阶段"。可见,作为一门学科的教育学在当时的出现,堪称教育学史上的巨变。

中国作为世界上少有的拥有四五千年连续不断的文明发展史的国家,其文化积累之丰富、传统价值观念之持久稳定,都是世界文明史上少见的。在中国漫长的文明发展中,发生过两次重大的转变:一次是从列国并立的先秦时代转变到秦汉大一统的中央集权的君主专制时代;另一次是从晚清开始的,从大一统的中央集权的君主专制时代向基于人民自治的民主的现代社会转变。这种重大的转变,既是社会形态的转变,也是文化形态的转变。而且,后一次的转变是在西方文化巨大的外部压力的情况下发生的。桑兵指出:"晚清民国时期,中国的知识与制度体系发生了重大变动,使得中国人的精神世界与行为规范前后截然两分。"[①]汤因比的"文化反射率"这样解释:"当一根运动着的文化射线被它所碰撞的外在机体的阻力衍成科技、宗教、政治、艺术等学科成分时,其科技成分比宗教成分易于穿透得较快和较远……文化辐射中各种成分的穿透力通常与这一成分的文化价值成反比。

---

① 桑兵.晚清民国的知识与制度体系转型[J].中山大学学报(社会科学版),2004(06):90-98.

在被冲击的社会机体中,不重要的成分所引起阻力小于决定性成分所引起的阻力,因为不重要的成分没有对被冲击社会的传统生活方式造成那么猛烈或那么痛苦的动乱的征兆。这种对辐射性文化的最小成分作最广泛传播的自动选择,显然是文化交流运动一条不幸的规律。"①因而,文化从表层到深层可以依此分解为器物、制度、文化心理三个不同的层次,不同层次的文化的价值是不同的,因而对异质文化传播的阻力大小不同,其传播和变动的速率也不一致。一般来说,文化传播呈现出从器物到制度再到文化心理依此递进的阶段性特征。这也正是中国近代社会在西方文明冲击下的系列反应。西学作为促使中国巨变的主要原因,其在近代社会、文化、政治的转型中的作用不可小觑,很多学者都对此进行了深刻的分析。② 西学东渐的冲击之大,从我们现今的学科范畴就能直观地体现出来。那就是,我们早已舍弃了传统学术中的"四部"的分类体系,而完全承袭西方的学科分类框架。

此外,中国自身腐朽的封建教育制度也要求必须变革。晚明时期,整个中国社会已经开始出现各种衰败的迹象。"官学名存实亡,书院积弊丛生,私塾困难重重,步履维艰。"③这些正在走向末路的教育制度根本无法满足中国复兴的需求。梁启超就此指出:"晚明政治和社会所以溃烂到那种程度,最大罪恶,自然是在那一群下流无耻的八股先生,巴结太监,鱼肉人民。"④所幸的是,在那个时候,徐霞客《徐霞客游记》,宋应星《天工开物》,利玛窦、徐光启合译的《几何原本》的出现,以及欧洲历算学的输入等,为学术界注入了一些新鲜的空气,也对后来的清朝学者产生影响。此后,一些开明的人士纷纷发出呐喊,龚自珍"不拘一格降人才",林则徐、魏源等人"师夷长技以制

---

① 汤因比.文明经受着考验[M].沈辉,等译.杭州:浙江人民出版社,1988:272.

② 参见梁启超《中国近三百年学术》、钱穆《中国学术通论》、陈平原《中国现代学术之建立:以章太炎、胡适为中心》、罗志田《权势转移:近代中国的思想、社会与学术》、王汎森《中国近代思想与学术的系谱》、陈以爱《中国现代学术研究机构的兴起:以北京大学研究所国学门为中心的探讨》、左玉河《从四部之学到七科之学:学术分科与近代中国知识系统之创建》、桑兵《知识转型与近代学术》、耿云志主编的《近代中国文化转型研究》系列丛书等中,都从不同角度对中国学术的近代转型做了深刻的分析。这些研究在史料整理、分析方法乃至具体观点上都对本研究有着重要的启发作用。而且,这些论述的共同之处便是认为西学的因素是导致近代中国学术转变的重要原因。

③ 金林祥.中国教育制度通史:第6卷[M].济南:山东教育出版社,2000:1.

④ 梁启超.中国近三百年学术史[M].北京:商务印书馆,2011:4.

夷"等思想,开启了中国教育现代化的大门。① 沉睡了千年的"雄狮"才慢慢张开眼睛,开始去认识外面的世界。19世纪60年代,在"自强""求富"的洋务派人士的带领下,我国开始仿照西方建立了第一批新式学堂,主要培养外语及军事人才。同时开始向国外派遣留学生,为近代中国培养了一批优秀人才。随着西方新式教育在中国的发展,西学东渐的范围逐渐扩大,作为一门学科的教育学也被引进。在清末的留日高潮中,"在各个专业中,留日学生以研习法政、师范、军事(包括警务)为最热门"②。

章清注意到,"在19世纪末以前,许多所谓对西方的反应大多仍发生在中国传统思想框架内,'自强运动'所体现的'富国强兵'思想,就主要由传统学说提供资源"。而到了五四那一代人,"无论新知识分子对传统抱有多大程度的肯定,"却都认为"传统不再能成为政治制度和社会伦理合法性的判据"③。这是中国历史上的"巨变"。教育学在中国的出现就不是从中国教育的土壤中自然萌发的,而是在与西方文化的冲突与融合中产生的。在这种学术交流与借鉴的背后,伴随着的却是西方列强对中国的侵略。几千年教育的"底色",加上外来的各种教育学"颜料",共同塑造出中国教育学复杂、多元的景象。

总之,中国现代化的转型是一个多层次、多方位的复杂过程,短短时间里发生的革命性变化,并不是一蹴而就的,期间也经历了一段漫长的过程。中国的社会变迁是一个连续性的动态的历史过程,不是简单地可以用"传统—现代"二元对立的模式来解释的。金耀基认为在中国近代社会变迁的过程中,整个社会充满了矛盾和差距,表现为一个巨大的混合物。④

二、中西学术差异

伴随着"西人东来"的"西学东渐"促成了中国传统知识体系的巨大转型,西学在中国的地位不断上升。然而"中学"并未像想象中的那么脆弱而

① 金林祥.中国教育制度通史:第6卷[M].济南:山东教育出版社,2000:26.
② 金林祥.中国教育制度通史:第6卷[M].济南:山东教育出版社,2000:280.
③ 章清.传统由"知识资源"到"学术资源":简析20世纪中国文化传统的失落及其原因[J].中国社会科学,2000(4):190-208.
④ 金耀基.从传统到现代[M].北京:中国人民大学出版社,1999:59-70.

自此断裂,反而凭借其自身几千年来形成的惯性在与西学进行着此消彼长的抗衡。一方面"中学"以其宽广的视域对西学中相融合的内容进行吸纳,另一方面又对西学中相冲突的内容进行改造性的接纳,从而形成了"亦中亦西""新旧杂糅"的知识样式。那么,教育学作为一个"外来物",中国传统的知识在面对外来的教育学知识的时候,如何将其纳入自己的知识分类框架之中,如何为教育学知识预留出成长的空间。在回答这些问题之前,则需先对中西学术的差异有所了解。

自晚清以降,梁启超、章太炎、王国维等人就注意到了中西文化和学术上的差异,并对此进行了学理上的研究。梁启超在《中国近三百年学术》中就对 1623～1923 这一百年间清代学术变迁的大势及其在文化上所贡献的分量和价值进行了提纲挈领的论述,梁氏认为,"我国自秦以后,确能成为时代思潮者,则汉之经学,隋唐之佛学,宋明之理学,清之考证学,四者而已"①。他将当时社会的学术主潮总结为"厌倦主观的冥想而倾向于客观的考察"②。

钱穆亦指出,中国学术之必有其独特性,亦如中国传统文化之有其独特性,两者相关,不可分割。依照中国传统,学问有三大系统,分别是"人统"(系统中心是学习如何做人)、"事统"(以事业为学业系统中心)和"学统"(以学问本身为系统),"中国学问都自第一系统递进而至第二、第三系统。而西方则似正相反,可谓乃是以第三系统为主,乃自第三系统而逆归至第二、第一系统者"③。钱穆进一步将中国学术的特性总结为三点:一是"以人为学之中心,不以学为人之中心",二是"尚通不尚专,看重通人胜于专家,且注重'以学显人,非使人隐于学'",三是"学问在于完成人人之德性"④。罗志田也指出中国人具有"尚文轻武"、重"眼学"而轻"耳学"、主张学与术分离、"崇让不崇争"的特点。⑤ 此外,由于中国学术的目的在于宣扬儒家意识形态并选拔人才,因此它的教育功能相对比较弱化,故不强调分科。

在西方,从古希腊开始就对自然和社会的认识逐渐开始有了分化的意

---

① 梁启超.中国近三百年学术史[M].北京:商务印书馆,2011:13.

② 梁启超.中国近三百年学术史[M].北京:商务印书馆,2011:1.

③ 钱穆.中国学术通义:新校本[M].北京:九州出版社,2012:260.

④ 钱穆.中国学术通义:新校本[M].北京:九州出版社,2012:4-5.

⑤ 罗志田.权势转移:近代中国的思想与社会[M].修订版.北京:北京师范大学出版社,2014.

识,出现了哲学、伦理学、政治学、数学、天文学等分类。在欧洲大学的发展
历史中,学术自由不仅与知识的分类有密切的关系,而且也与当时人们所持
的认识论紧密相关。当时,人们主要是通过理论、逻辑和经验的方法来检验
和发展知识,很少把实践当作检验和发展知识的依据。吴刚将西方知识的
分类的特点概括为三点:第一,分类的基点是自然而非社会性的人;第二,分
类的标准是事物的客观本质及其相互关联的逻辑;第三,分类是结构性的,
即按事物的逻辑关系,依层次排列解析,成为一种体现内在关联的"知识树"
(知识的发展是代代相传的累积过程)。① 与西方不同的是,在对知识的理解
上,中国儒家区分了两类不同性质的知识,即"闻见之知"与"德性之知",德
性之知是以"诚"为立足点的,其目标是"穷理",后者在儒家看来才是真正
的知识。② 因此,在中国衡量传统知识人尺度的不是知识,而是行为。西方
传统的那种为学术而学术的精神,在中国古代是不存在的。中国传统"经史
子集"的分类则表现出对社会人伦强烈的关注,自然知识在传统中国处于边
缘地位。可见,"中国知识关注的并非是知识发展的内在逻辑,而是这种知
识得以存在所表达的社会规范"③。中国传统知识的生产原则主要是"相似
性",而西方知识生产注重"因果性",前者诉诸价值的认同,后者诉诸理性的
判断,二者之间相去甚远。④ 许美德也指出,由于欧洲"二元式"认识论的存
在,使得大学能够在理论上有一定的学术自由而免受政治的干扰,而中国传
统的知识模式向来都是理论与实践合一的,这种矛盾和冲突一直弥漫在整
个20世纪。⑤

综上,中西方在知识的本质上存在着巨大的差异,似乎各有所长,不具
有可比性。然而,晚清之际西方技术的强大让中国人无不认为西学的先进,

---

① 吴刚.知识演化与社会控制:中国教育知识史的比较社会学分析[M].北京:教育科学
出版社,2002:75-78.

② 陈嘉明.中国哲学的"力行"知识论[J].学术月刊,2014(11):5-12.

③ 吴刚.知识演化与社会控制:中国教育知识史的比较社会学分析[M].北京:教育科学
出版社,2002:84.

④ 吴刚.知识演化与社会控制:中国教育知识史的比较社会学分析[M].北京:教育科学
出版社,2002:84-103.

⑤ 参见[加]许美德.中国大学1895-1995:一个文化冲突的世纪[M].许洁英,译.北
京:教育科学出版社,2000:50.

"中学不如西学""向西方学习"的观念由此而生。废科举、兴学堂成了必然趋势,最明显的就是我们至今仍在沿用着西方的学术分科制度,这也预示着中国传统学术体制彻底的土崩瓦解。1903、1904 年的新学制中所使用的术语,譬如"大学院""大学堂"等,更充分说明了中国想把西方的现代知识分类法纳入中国传统的儒家思想体系之中。

三、从"四部之学"到"七科之学"

中国向西方学习的过程是一个漫长的心路历程。"由夷学,而西学,而新学,而显学,"①从最初的贬义再到对西学的崇拜,可以看出西学在国人心目中地位的不断上升。因而,"以新知阐释旧学,以中学比附西学,以近代学科体系界定中国旧学,是晚清学者整理中国旧学之基本思路"②。随着西学东渐的不断深入,中国学术的发展开始从"在传统中变"的模式转为"在传统之外变",甚或"有意背离传统而变"(罗志田语)。也就是说,在西潮的冲击之下,欲强国富国就不得不学习西方,而对于西学的接受和采纳迫使"中学无用",传统学术逐步瓦解。起初中国人的那种反求诸己的心态,也早已在强大的西学和"以强弱分夷夏"的社会情境下被击得粉碎。西方的学术分科观念逐渐将中学纳入西方的知识体系之中,中国开始从"通学"走向"分科之学"。人们开始相信"分科愈细,俞有独得"③。中国古代那种笼统的"六艺",把学问全部混在一起的做法,在近代行不通了,要分得很细,所以才叫"科学"(分科之学)。④

对于中国学术分科的研究,当推左玉河的研究较为彻底。左玉河认为,中国传统学术向现代学术的转轨,是在晚清"经世"思潮盛行、西学东渐潮流影响下发生的。严重的政治和社会危机,促发了人们对经史无用之学的批判,兴起了"经世之学"。"经世之学"一方面对传统学术进行"消解"和"分化",另一方面则表现为对西学传播的"引导"上。人们正是在经世思潮的引

---

① 熊月之.西学东渐与晚清社会[M].上海:上海人民出版社,1994:21.

② 左玉河.晚清"古学复兴":中国旧学纳入近代新知体系之尝试[J].史学月刊,2004 (09):62-71.

③ 王汎森.中国近代思想与学术的系谱[M].长春:吉林出版集团责任有限公司,2010:392.

④ 王汎森.执拗的低音:一些历史思考方式的反思[M].北京:生活·读书·新知三联书店, 2014:11-12.

导下,将目光逐渐移向西学,促进了西学的引入。分科方案的日趋成熟则与西学传播同步。因此,在左玉河看来,经世之学对西学的"引导"作用,促发了西学的大规模输入,中国近代意义上的学术分科从而兴起。①

将中国传统学问纳入西方学科的框架下,不可避免会存在很多的对扰、冲突与融合。随着中国现代学术分科的日益专门化并最后定型为"七科之学",期间经历了长时的演化过程。晚清中国学术分科,经历了传统的"四部"分类向经世"六部"学术的转变,然后又从经世"六部"向现代"七科分学"转变,随后又在 1903 年前后经历了从"七科分学"向"八科分学"的演变过程,最终在 1913 年定型为"七科之学"。这个过程是比较复杂的,经过了很多尝试和探索。从冯桂芬、王韬、郑观应到康有为、梁启超、严复、张元济,再到吴汝纶、张百熙、张之洞、王国维等人,都先后提出过各种各样的分科方案。在晚清最初确立的是"八科分学",但到 1913 年最终废除了"经学科",最终确立了"七科之学"的基本框架。传统学术的现代化与西方学术的中国化,是中国传统学术向现代转型的关键。这两方面完成之时,才是中国现代学术建立之日。这个学术转型以及学科整合的过程,从 19 世纪 60 年代开始,到五四时期基本确立,而直到 30 年代初才最终完成。② 这些现代意义上的学术门类,主要是经过"移植"和"转化"而来的,前者是中国传统中没有的,后者则是从中国传统转变出来的。

学术分科的实施使得新的学术分类体系确立,导致了中国学术结构性的变迁,大学学术体制的创立又从制度上保障了这一分科体制的运行。传统学术的转型使知识分子的知识结构实现现代化的变化,在这一转变过程中,一方面是西方知识霸权的结果,另一方面也是国人主动追求的结果,是"被动"与"主动"的合谋。学术分科在带来学术专业化和现代化,克服中国传统学术某些弊端的同时,"却造成了学人们涵泳体会功夫的缺失与知识的支离,治学与人生已经完全割裂,传统学术孕育大师的环境已不复存在"③。

---

① 左玉河.从"经世之学"到"分科之学":近代早期的学术分科观念及分科方案[J].北京科技大学学报(社会科学版),2001(01):30-34.

② 左玉河.从"四部之学"到"七科之学":晚清学术分科问题的综合考察[C].中国社会科学院近代史研究所青年学术论坛 2000 年卷,2000.

③ 李刚.知识分类的变迁与近代学人治学形态的转型[J].福建论坛(社会科学教育版),2005(05):72-77.

近代知识人为学目的并非求道而为求知,学术研究成为一种以知识生产为谋生手段之职业,"为稻粱谋"与"为学问而学问"成为近代知识人之双重特性。① 钱穆在《中国学术通义》中也对国人一切以西方学术分科为准绳的现象进行了评论,钱氏指出:"今日国人,竞尚西化,一意为专家之学。……就今日论,学术之传统已中断,则死去者亦岂仅止于文学。"②这对于学术发展,"尤其是文史哲等人文学术发展极为不利"③。教育学作为一门以整体的人的生命发展为目的的学科,在分科之学的制度架构中缺少有利的制度和资源支撑,这也造就了教育学知识生产根基薄弱的"先天"原因。

第二节　传统知识分子的转型

一、科举的废除

明末清初的传教士早已带来了诸多西方知识,暂且不论传教士的宗教性目的,仅在科学知识传播的层面上而言,由于当时的中国还属于自认的"强势文化"之列,传教士的这些努力并没有造成深刻的影响。直至鸦片战争的战败,西方列强用炮舰证明了清政府的软弱无能以及自身的腐朽没落,这才为之后大规模的"西学东渐"做好了铺垫。西学以十足的势头再次东来,越来越多的士大夫在西学的强盛下"谦逊低头",开始学习西方知识。如此一来,科举制度的弊病在强烈的对比反差下更显得有迫切取消的必要。终于在 1905 年,实行了几千年的科举制度在一夕间荡然无存。科举制的废除,虽然没有引起社会巨大的动荡,但是"废科举在中国制度史上的重要性,

---

① 左玉河.中国近代学术体制之创建[M].成都:四川人民出版社,2008:65.

② 钱穆.中国学术通义:新校本[M].北京:九州出版社,2012:200.

③ 李刚.知识分类的变迁与近代学人治学形态的转型[J].福建论坛(社会科学教育版), 2005(05):72-77.

再高的评价都不会过分"①。

科举的废除,引发了从传统"士"到新型"知识分子"的转变。"士农工商"的社会等级格局崩塌,传统的"士"阶层逐渐消亡。高瑞泉认为,晚清社会,从龚自珍开始,传统士大夫中的异端、"条约口岸知识分子"、留学生和新式学校出身的知识者,先后成为价值观变革的主力。随着传统文人集团的分化和价值观念的新陈代谢,士大夫没落和消失了,新型的知识分子产生了。② 此后,读书人便以"知识分子"或"知识阶级"自居。科举制度的废除,对传统士人造成了巨大的冲击,尤其是对那些仍寄希望于"鲤鱼跃龙门"的士子们来讲,瞬间改变了他们的人生轨迹,知识分子开始寻求新的角色与身份认同。新式学校的出现,使许多青年知识分子得以摆脱"读书—科考—做官"的独木桥,人生之路变得开阔,一小部分人开始接受西方教育,进入同文馆等新式学校进行学习,还有的留学欧美等。他们无论是在价值取向还是实际行动上都与之前的知识人有了很大的变化。人们的命运不再一切由统治者的意志决定,自主意识逐渐增强。新式学校的学生逐渐摆脱了科举制度造成的知识结构凝固化和知识陈旧、视野狭窄的缺陷,西方人文科学和自然科学知识的学习使得他们视野开阔、思想活跃。同时,新式教育形成不同的职业分流,产生了新的社会阶层。中国现代知识分子群体的构成,主要有三个重要来源:一是国人自办的新式学堂中的毕业生,二是外国人在华所办的学校,三是来自海外留学。这些人主要活跃在一些口岸城市和一些大都市里,以新式学校、学会、出版等机构为依托,许多人开始从事各种自由职业,如教员、编辑、记者、自由投稿人、医生,等等。

---

① 金观涛等人通过对1902~1905年间"学堂"和"学校"概念出现的次数发现,两个概念都在这几年间出现高峰,且使用次数相差不远。由此他们认为,废科举之所以没有引起社会动荡的主要原因在于清廷在新政后实行了学堂与学校并举的制度,正是这种中西学校并存的二元论意识形态和制度为选拔人才提供了一个缓冲带,并且促成了一个亦中亦西,既有传统科举功能又在新学堂接受过新教育的过渡知识阶层的产生,因而没有引起社会大动荡。详见金观涛,刘青峰. 观念史研究:中国现代重要政治术语的形成[M]. 香港:香港中文大学当代中国文化研究中心,2008:431-432.

② 高瑞泉. 近代价值观变革与晚清知识分子[J]. 华东师范大学学报(哲学社会科学版),2004,36(1):18-28.

二、知识分子的边缘化[①]

在从"士"到新型知识分子转变的过程中,城市的意义不可小觑。关于城市的起源,梁启超在《中国都市小史》中有过这样的一段话:"古代盖无乡市之别,'民春夏出田,秋冬入保城郭'。城郭不过农民积储粮食岁终休燕之地而已。其后职业渐分,治工商业者,吏之治人者,皆以阛阓城阙为恒居,于是始有'国'与'野'之分。野扩为村落,国衍为城市。"[②]

通过研究便可发现,晚清知识人多在传统的乡村成长并接受传统教育,而且很多都有一定的科举功名,后来科举废除之后,为了另谋生计而来到城市,开始接触西方文化并逐渐对城市产生好感。城市的繁华为知识人提供了独特的创造空间,各式新学堂在沿海以及大城市的创建,为传统读书人提供了一个生存和研究的场所。踏出乡关,进入城市,便成为现代知识分子的第一步。这也就是许纪霖所说的"知识分子的中心化"的倾向,即"社会的重心从乡村转移到城市,知识精英大批城居"[③]。

从现代化伊始,城市就给离开传统体制另谋生计和发展的人提供了各种新的空间:一是经商,从郑观应、张謇开始,成功者大有人在;二是变为科学技术的专门人才,包括从事现代教育事业;三是从事新闻、法律、医务、文学等行当的"自由职业"。第一种人就是新兴的资产阶级;第二、三种人,就是最初的现代知识分子。杨小辉将中国近代知识分子描述为一群有如下特征的人:①受过新式教育,有相当的知识水准;②他们的思想取向与士绅的"保守"相对,有"求变、趋新"的趋势,这就常常使他们与传统及现实政治、社会有相当程度的紧张关系;③知识分子以现代化所导致的社会结构分化及职业分工为先决条件,所赖以活动或生活的组织,通常是近代城市所哺

①　"士"作为一种特殊的文化现象,在中国存在了两千多年历史,而"知识分子"一词是在五四时期借道日本传到中国的,与中国本土的词汇"士"有着一定的异同之处。余英时认为"士"与西方的"知识分子"之间不能画等号(详见余英时《士与中国文化》,上海人民出版社,1987年版)。王汎森、罗志田、许纪霖等人也都对这两者进行过深入的辨析,但对于二者的区分不是本研究的目的,因此,本文是在一般的意义上使用这个概念,即泛指接受过教育的人。

②　梁启超. 中国都市小史[J]. 晨报周年纪念增刊,1925(7).

③　许纪霖. 精英的社会史如何可能:从社会史角度研究近代中国的知识人社会[C]. 社会史研究之一:中国社会史研究的理论与方法,2009(12).

育、造就的制度化环境,如报纸杂志、新式学校及专门的研究机构等。①

从中国近代高等教育史来看,在 1919 ~ 1937 年间,全国将近四分之三受过高等教育的人是在上海、北京和南京的学院和大学接受教育的。② 许纪霖更是进一步对都市公共空间的知识分子进行了深入的探讨,认为现代知识分子与传统知识分子最大的区别之一,就是他们从乡村走向了都市,在现代都市空间中聚集,以都市的公共空间和文化权力网络作为背景,展开自身的文化生产、社会交往和公共影响。③ 因此,在一定程度上我们可以认为,"士绅是乡土社会传统经济的产物,知识分子则更多是都市社会现代经济的产物"④。近代以前和近代的绅士不同,传统以耕读为主的士人主要在乡间读书,随后通过科举可以流动至城市做官,且最终都要回到家乡以落叶归根。而"近代以后的绅士大多留在城市,与家乡不再联系"⑤。废科举后二三十年间,乡村新式读书人离村的现象是明显的,乡村读书人向城市浮动已成"普通潮流"。尽管不少读书人喊着"到民间去! 到乡间来!"的口号,实际的现象却恰相反。⑥ 各种新式人才在城市的聚集则带来了城市的繁荣,城市的不断兴盛也促使学人能够更好地发挥所长,二者相得益彰。譬如,"上海在一百年左右的时间里,从黄浦江边的一个泥泞县城飞速发展为五百万人口的大都会"⑦。

值得注意的是,在西方科技知识大举涌入中国之后,形成"自然知识"和"规范知识"两种对立的知识形式。"自然知识"是百工器物、是实用的,"规范知识"是道德、政治的原理。而在"四民"之中,"农工商"属于前者,"士"

① 杨小辉. 近代中国知识阶层的转型[M]上海:上海社会科学院出版社,2011:导论 1 – 3.

② 叶文心. 民国时期的大学校园文化(1919—1937)[M]. 冯夏根,等译. 北京:中国人民大学出版社,2012:37.

③ 许纪霖. 都市空间视野中的知识分子研究[J]. 天津社会科学. 2004(03):123 – 130.

④ 周荣德. 中国社会的阶层与流动:一个社区中士绅身份的研究[M]. 上海:学林出版社,2000:19.

⑤ 王汎森. 执拗的低音:一些历史思考方式的反思[M]. 北京:生活·读书·新知三联书店,2014:147.

⑥ 罗志田. 权势转移:近代中国的思想与社会[M]. 修订版. 北京:北京师范大学出版社,2014:100.

⑦ 卢汉超. 霓虹灯外:20 世纪初日常生活中的上海[M]. 段炼,吴敏,子羽,译. 上海:上海古籍出版社,2004:21.

属于后者,这两种知识的升降当然也就决定了"四民"的性质与定位。① 社会中商人和军人的地位不断上升,使得传统知识人"四民之首"(士农工商)的位置已经不复存在,以市场为依托的商人阶层和以国家为依靠的政治权力阶层,他们在社会中的重要性已经远远超越了知识分子群体,知识分子开始向社会边缘移动。教育学人作为其中的一员,也在边缘化中面临着时代的考验。

第三节　从"学"到"教"的转变

近代教育有一个值得注意的现象,那就是教育基本概念系统从以"学"为核心向以"教"为核心的演变。章小谦对一系列教育基本概念的现代转变研究后认为,在传统教育话语中,"学"占主导地位,因为"中国古代教育思想说到底是一种学习思想",在很多时候,人们都是以学论教。但是,近代教育在教学上以赫尔巴特主义为主要的指导思想,教育话语以"教"为中心。这主要体现在从"学堂"改为"学校","教授法"改"教学法","学部"到"教育部"等。② 换句话说,现代教育从"以学习者的学为中心"转变成了"以教育者的教为中心"。黄向阳也认为,古代社会总的来说,行重于知,学重于教,关于学习、践行和自我修养的思想因而显得特别发达,对于教学、知道和训练的探讨则相对不活跃。随着知识的不断增长以及班级授课制的推行,教师面对一个学生集体如何传授知识成了一个难题,学校生活的重心开始逐渐从学转向教,对于教育的思考也由学转向教。③ 虽然中国传统教育中也有师徒之间的面授,但无论是官学还是私学,都采用的是个别教学的形式,因此对于教师的教授技能和水平要求不高。再加上中国传统概念的意会性(非定义性)、模糊性(非确指性)、板块性(不可离析性)特点,④也造成了中国传统知识的不易传授性。因此,从传统书院、私塾转化的教育者,对班级

① 王汎森.中国近代思想与学术的系谱[M].长春:吉林出版集团责任有限公司,2010:281.
② 章小谦.传承与嫁接:中国教育基本概念从传统到现代的转换[D].上海:华东师范大学,2004.
③ 黄向阳.教育知识学科称谓的演变:从"教学论"到"教理学"[J].华东师范大学学报(教育科学版),1996(04):17-26.
④ 萧功秦.儒家文化的困境:近代士大夫与中西文化碰撞[M].桂林:广西师范大学出版社,2006:39.

授课制比较陌生,若想继续从事教育工作,培养新式人才,就必须学习和接受师范教育,学习一些关于教学的知识,因而教学论成为教育学的第一个知识领域。

从"学"到"教"这一重大的转变也与师范教育的勃兴以及新式学堂的出现有关。在从鸦片战争、洋务运动,再到戊戌变法的进程中,时人对于实现国家富强、救亡图存的路径也从"商战"变为了"学战",从"师夷长技以制夷"转变为"鼓民力、开民智、兴民德","教育救国"的思想不断得到深化。严峻的民族危机之下,救亡图存成了中国人生活的主旋律。通过教育提高国民素质、改造国民性,成了救国图强的重要途径。"教育救国之急"昭示着"师范教育之重",以师范教育作为"国民教育之母"则被推到了风口浪尖。教育学作为师范生必学的科目之一,也附带着受到了相当的重视。希望教师能通过教育学课程的学习,获得一种将"文化的材料"转变为"教化的材料"以唤醒教育价值的"特别的能力"。① 师范学校的兴起使得开设教育学课程成为必然,有课程则必须有教材可教,教育学教材的编写也日益变得迫切,这些都是教育学学科在大学存在的前提。因此,中国教育学的发展路径是:"先有教师教育的实践(1896 年盛宣怀与上海创办南洋公学师范院),后有教育学的传入(1901 年《教育世界》连载日本文学士立花铣三郎讲述、王国维翻译的《教育学》)。"②教育学的处境在西方也是如此,"尽管'教育学'这个词早在 17 世纪初就在英国出现了,而且在培根的科学分类中也给了它一席之地,但英国并没有成为教育学的发祥地。系统的理论教育学的真正诞生,是在德国,并与教育的普及而带来的师资培训之需要而紧密联系在一起的。"③

教育学在中国的"落户"还与新式学堂的大量创建有关。西方教育在我国的萌发,最早是由明清之际的西方传教士翻译介绍的。他们通过在沿海开放的口岸城市中开办学堂、介绍西方教育知识来达到传教的目的。比较有名的著作有艾儒略(Jules Aleni)的《西学凡》、花之安(Ernst Faber)的《泰

---

① 马啸风. 中国师范教育史(1897—2000)[M]. 北京:首都师范大学出版社,2003:314.

② 马啸风. 中国师范教育史(1897—2000)[M]. 北京:首都师范大学出版社,2003:311.

③ 谢兰荣. 从"教育学"一词的演变看教育学的发展[J]. 教育研究与实验,1996(03):21 - 26.

西学校论略》等。① 随着后来新式教育的勃兴以及班级授课制的盛行,对教师产生了大量的需求。可是,到了 20 世纪初还没有出现专门的教育学科。王国维不免发出这样的感慨:"以中国之大,当事及学者之众,教育之事之亟,而无一人深究教育学理及教育行政者,是可异己! 以余之不知教育,且不好之也,乃不得不作教育上之论文及教育上之批评,其可悲为如何矣? 使教育上之事,余辈可以无言,即欲有言而有人代为言之,则岂独我中国教育之幸哉! 亦余个人之私幸也。"②因此,为了解决师资的问题,翻译并引进西方诸多的教育学著作并派遣留学生出洋以培养现代师资,是近代教育学发展的开端。

"从发生学的角度看,任何一个学科领域形成的初始原因并不是学科体系的需要"③,教育学在中国的产生也不例外。更重要的是,一方面,"教育学学科体系的构建基本上仍局限在师范教育系统内"④,另一方面,教育学一直被限制在教育救国、富国强民的直接功利性之"用"中。⑤ 这样的状况,不仅导致在实践反馈中教育学与师范教育的"相互削弱"⑥,而且更为重要的是"封闭了教育学的孕育空间",⑦将一门学科的教育学与作为一门课程的教育学相等同。董标一针见血地总结道,"教之术"立意高远,一箭双雕:有提

---

① 金林祥.20 世纪中国教育学科的发展与反思[M].上海:上海教育出版社,2000:9 – 10.

② 王国维.教育小言十二则[M]//舒新城.中国近代教育史资料:下.北京:人民出版社,1981:1002.

③ 张斌贤.从"学科体系时代"到"问题取向时代":试论我国教育科学研究发展的趋势[J].教育科学,1997(01):18 – 20.

④ 侯怀银.20 世纪上半叶中国教育学学科体系的构建及其特征[J].课程·教材·教法,2002(08):61 – 64.

⑤ 关于教育学之"用",叶澜将其归纳为四层含义,分别是引进之初作为中国社会由古代向近代转换之"用"、作为应用学科之"用"、作为中国教育实践之"用",以及作为师范学校教育学课程之"用"。详见叶澜.中国教育学发展世纪问题的审视[J].教育研究,2004,(07).

⑥ 马啸风.中国师范教育史(1897—2000)[M].北京:首都师范大学出版社,2003:319.

⑦ 董标."教之术"到"教育学"演变论[J].华南师范大学学报(社会科学版),2006(06):80 – 93.

倡教育学之功,有限制教育学之用。① 这简洁的几个字,道出了近代教育学产生之初的不易与辛酸,更让人失望的是,"中国在近代国家实体竞争中的屡次失败,似乎进一步证明此'教'既不能保人也不能保国"②。时至如今,对最初的各种社会条件作用于教育学知识生产造成的各种遗留问题,值得深刻反思。

---

① 董标."教之术"到"教育学"演变论[J]. 华南师范大学学报(社会科学版),2006(06):80–93.

② 罗志田.权势转移:近代中国的思想与社会[M].修订版.北京:北京师范大学出版社,2014:177.

第三章 "教育学界"的形成与知识生产

获取全部的教育学知识文本,这是一件不必要也不可能的事情。我们也无法获得当时所有教育学文本的内容提要,况且那些单纯数字上的说明仍无法让我们相信"这就是全部"。因此,我们应该转换策略,聚焦于教育学界的"学术网络"。① 台湾学者张灏认为,1895～1925 年之间是中国思想文化的转型时代,这些巨变一方面表现为报纸杂志、新式学校以及学会等制度性传播媒介的大量涌现,另一方面则是新的社群媒体——知识阶层(intelligentsia)的出现。② 受此启发,本章欲回答的主要问题是:最初从事教育学知识生产的是哪些人? 这些人有什么特点? 支撑教育学知识生产的制度、组织、传播媒介是什么?

相关研究指出,近代中国教育学知识的生产已经形成了一套初步的学科范式,相关的学术机构与学术共同体也得以建立,一个建制化的"教育学界"(以教育学知识生产者的交往为核心,由大学、学术组织、学术刊物所构成的网络)基本成形。教育学知识的生产以教育学人为核心,以学科制度和教育学系科为支撑,以集会网络和传播网络为交流框架,各方面互动协调,形成紧密联系的知识生产的动态网络,"同时它也是学术符号资本的生产和再生产的动态网络",③其中,教育学知识生产者处于核心地位。通过自身的资质和能力,一些知识生产者在整个学术网络中演化为学术精英,享有较高的文化资本和符号资本。同时,在知识生产者和传播媒介、学术组织之间会产生相互依赖的利益关系,从而形成教育学界中的"知识—权力"联盟。这些都在一定程度上表明,现代学人的知识生产和学术研究,已基本不可能复

---

① 柯林斯.哲学的社会学:一种全球的学术变迁理论:上[M].吴琼,等译.北京:新华出版社,2004:前言 2.

② 张灏.时代的探索[M].台北:中央研究院联经出版事业股份有限公司,2004:37.

③ 方文.学科制度和社会认同[M].北京:中国人民大学出版社,2008:16.

制古人"三年不窥园"的自我成功模式。或者说,近代学术活动在很大程度上已是一种社会性活动。

第一节　教育学人:知识生产的核心力量

教育学知识的灵魂在于其内容,而内容的选择和编辑取决于作者和编译群体,因此,对于作者群体的了解能从另一角度把握教育学知识的含义所在。正所谓"言为心声",因此必先有此"作者",而后始能完成此"作品"。一切学问与著作之后面,必先有此一人之存在。非可脱离了此人,而悬空有此学问与著作之出现及成就。[①] 即使对于一向以客观面目呈现的科学知识,波兰尼也认为,"科学从来就是由具有充分人性的个人知识构成的",即科学知识与人是合一的,而且"科学本身就是充满人性的温暖的东西"[②]。此外,个人的偏好和个别的干预,不但能影响到语言区内成员对具体术语的使用,而且也影响到对概念或学科的整体理解,[③]因此,教育学知识生产的首要条件是要有一批教育学研究者的形成,教育学知识生产者作为教育学发展的核心,其自身的学术素养、知识结构和历史视野等都会对教育学知识本身产生影响,否则,谈论教育知识生产是无法想象的。教育学知识的呈现方式是文本,主要包括教育类期刊和著作两大类。由于数量的庞杂,笔者不可能获取全部的关于文本作者的信息。在此,仅结合本研究的目的和前人的研究成果,在著作方面以教育学原理的著述为例进行大致勾勒,以粗线条的形式展现出教育学知识生产群体的大致状况。

一、教育学知识生产者的概况

西方教育著作在中国的出现,最早是由传教士引入的。据统计,在1584~1790的200余年间,在传教士译著的437部西书中,教育类书籍只有4

---

① 钱穆.中国学术通义:新校本[M].北京:九州出版社,2012:58.

② 波兰尼.科学·信仰与社会[M].王靖华,译.南京:南京大学出版社,2004:22.

③ 郎宓榭,阿梅龙,顾有信.新词语新概念:西学译介与晚清汉语词汇之变迁[M].赵兴胜,等译.济南:山东画报出版社,2012:180.

部,且都内容零散,可谓凤毛麟角。① 直到鸦片战争之后,西方的译介才逐渐
多了起来。除了传教士的西传之外,国人也通过派遣人才出访西方各国的
途径,引介一些西方教育书籍,譬如冯桂芬的《采西学议》、颜永京翻译的英
国教育家斯宾塞的《肄业要览》等,但是,还没有真正意义上教育学著作的传
入。直到 1899 年《亚东时报》上刊登了由日本人剑潭钓徒节译奥地利教育
学家林度涅尔的《教育学纲要》,这可谓是国内最早的教育学译本。

通过对《民国时期总书目 1911—1949》的整理,可以进一步从宏观上获
得关于新中国成立前教育学书目的总体分布状况(见表 2)。从中我们可以
看到,新中国成立前的教育学文本已经遍布了许多分支学科,其中以"教育
学史"名目下的书目最多(此条目下主要包括的是世界、中国以及其他各国
的教育史以及教育思想史),这表明教育学的学科体系已经初步形成。

表2 教育学书目分布情况(1911—1949)②

教育学史	概论	原理	专著	论文集	美育	劳动技术教育	教育哲学	比较教育学	教育与其他学科的关系	教育统计学	教育社会学	教育生物学	新教育学派	实验主义教育学派	实用主义教育学派	文化教育学派	创造教育论	生活教育理论
35	51	25	39	1	17	15	17	6	17	16	4	14	5	24	2	2	12	56

(根据北京图书馆编《民国时期总书目 1911—1949 教育·体育》,北京书目文献出版
社,1995 年版,第 1-34 页整理。)

在对教育学原理的知识文本的研究,当推叶志坚的《中国近代教育学原
理的知识演进——以文本为线索》一书,这是迄今为止最为完整的书目。叶

---

① 苟渊.中国高等教育从传统到现代的转型:对 1901—1936 年间中国高等教育变革的
考察[D].上海:华东师范大学,2002.

② 北京图书馆.民国时期总书目(1911—1949):教育·体育[Z].北京:书目文献出版
社,1995.

志坚将近代教育学原理文本的发展分为四个时期,分别是蓬勃期(1898—1911)、回旋期(1912—1919)、转向期(1920—1927)和深化期(1928—1948),每个阶段的文本数量与特点如表3所示。

表3　教育学原理文本的演进阶段及其特点①

时段	著作总数	特点与问题
蓬勃期 (1899—1911)	83 本	急译时代的"以多为贵"; "讲义教育学"与"时论教育学"比翼齐飞; 全面依赖并追随日本教育学
回旋期 (1912—1919)	22 本	"宁要少些,但要好些"; 从"编出即用"到"应用而编"; 摆而未脱的日本教育学窠臼
转向期 (1920—1927)	34 本	译本之回潮与体例之多端; 美国渠道的主导性与杜威影响的广泛性; 教育学从"Pedagogy 式"到"Education 式"的演变
深化期 (1928—1948)	121 本	科学主义甚嚣尘上; "两条腿走路":教育哲学与教育科学齐头并进; 从离异传统到回归传统

　　叶志坚书中厚实的史料以及扎实的研究基础给予笔者以极大的启发,然而,叶志坚研究目的在于对这些文本的内容进行梳理分析,本研究则试图在其基础上对这些教育学原理书目的生产者予以关注。因此,通过对叶志坚著作后的附录一"中国近代教育学原理书目编年(1898—1948)"以及其他相关资料的搜集,总结出这些知识生产者的大致情况如下。

　　首先,从生产文本的数量上来看,产出最多的作者依次是余家菊(7本)、孟宪承(5本)、王国维(3本)、蒉辰(3本)、范迪吉(3本)、田吴炤(3本)、张子和(3本)、范寿康(2本)、庄泽宣(2本)、邓胥功(2本)、吴俊生(2本)、韩定生(2本)、季新益(2本)、周维城(2本)、刘伯明(2本)、瞿世英(2本),具体如表4所示。

---

　　① 笔者根据叶志坚《中国近代教育学原理知识的演进:以文本为线索》(杭州:浙江大学出版社,2012)全书整理。

表 4 教育学原理文本生产状况

余家菊	1923 余家菊、李璜,《国家主义的教育》,中华书局;
	1925 余家菊,《国家主义教育学》,商务印书馆;
	1925 余家菊,《教育原理》,中华书局;
	1932〔美〕William L,Bagley 著,余家菊译述,《教育社会哲学》,中华书局;
	1933 余家菊,《教育原论》,大陆书局;
	1933〔美〕芬赖(Finney)原著,余家菊译述,《教育社会哲学》,中华书局;
	1934〔英〕John Adams 著,余家菊,《教育哲学史》,中华书局
孟宪承	1924〔美〕波特,孟宪承译,《(现代教育名著)教育哲学大意》,商务印书馆;
	1930〔美〕波特,孟宪承译,《现代教育学说》,商务印书馆;
	1927〔美〕克伯屈,孟宪承、俞庆堂译,《教育方法原论》,商务印书馆;
	1933 孟宪承,《教育概论》,商务印书馆;
	1937 孟宪承、陈学恂,《教育通论》(是 1933 年版本的修订本)
王国维	1901〔日〕立花铣三郎讲述,王国维译,《教育学》,《教育世界》第 9 - 11 号;
	1902〔日〕牧濑五一郎,王国维译,《教育学教科书》,《教育世界》第 29 - 30 号;
	1905 王国维述,《教育学》,教育世界社印
蔼辰	1907《教育泛论》,《直隶教育杂志·直隶教育官报》,丁未年第 2 期;
	1908〔日〕佐口美都子,蔼辰译《女子师范教育》,《直隶教育杂志·直隶教育官报》;
	1911〔日〕柳正太郎,蔼辰译《实际的教育学》,《直隶教育杂志·直隶教育官报》第 3、5、6、10、12 期
范迪吉	1903〔日〕熊谷五郎,范迪吉译,《教育学》,上海会文学社;
	1903〔日〕富山房编,范迪吉等译,《教育学问答》,上海会文学社;
	1903〔日〕富山房编,范迪吉等译,《教育学新书》,上海会文学社
田吴焰	1903〔日〕中岛半次郎,田吴焰译,《普通教育学要义》,移山堂;
	1904〔日〕高岛平三郎,田吴焰译,《心理教育学》,商务印书馆;
	1905 田吴焰译编,《教育学教科书》,编者自刊
范寿康	1923 范寿康,《教育哲学大纲》,中华学艺出版社商务印书馆;
	1931 范寿康,《教育概论》,开明书店
庄泽宣	1928 庄泽宣,《教育概论》,中华书局;
	1932 庄泽宣,《新中华教育概论》,新国民图书社

吴俊生	1934 吴俊生,《教育哲学大纲(师范丛书)》,商务印书馆; 1935 吴俊升,《教育哲学大纲》,商务印书馆
季新益	1903 季新益,《教育学原理》,教科书辑译社; 1907 季新益,《教育学教科书》,上海广智书局
邓胥功	1932 邓胥功,《教育通论》,世界书局; 1933 邓胥功,《教育哲学大纲》(上、下),上海华通公司
韩定生	1911 [日]中岛半次郎讲述,韩定生译,《新编教育学讲义》,(东京)富山房; 1918 韩定生,《新体教育学讲义》,商务印书馆
周维城	1913 周维城、林壬编译,《实用教育学教科书》,北京女子师范学校印; 1915 周维城、林壬,《实用教育学讲义》,中华书局
刘伯明	1920 [美]杜威演讲演,《杜威五大演讲》,(北京)晨报社; 1920 [美]杜威演讲,刘伯明口译,沈振生笔述,《教育哲学》,泰东图书局

对上述作者的分析中可以发现,在这些作品最多的 15 人中(蔼辰的信息不详),一半以上都是从事的与教育有关的工作。譬如,余家菊是北京高等师范学校教育研究科的毕业生、范寿康则在日本获得教育硕士学位、庄泽宣留学美国哥伦比亚大学并获博士学位、田吴炤曾任南路小学堂堂长、王国维任职江苏师范学堂教育学教习、季新益在上海第一师范传习所任教、邓胥功毕业于日本东京高等师范学校等。翻译了 3 本教育学著作的范迪吉,则是清末新政中的留日学生,翻译的地理书籍较多。

在其余的教育学知识生产者中,还有一些是专业的翻译家,他(她)们除了翻译教育学著作之外,还翻译过很多其他学科的著作。譬如沈纮、杨廷栋、蔡俊镛、钱善士厘等,其中,钱善士厘作为一名女性,是第一位走向世界的中国女旅行家,她撰写的《癸卯旅行记》,是中国第一部外国游记。

主攻其他专业的教育学知识生产者有:叶瀚(地理)、严献章(东京法政大学)、李士锐、贺忠良、董鸿基(留日的军事人才)、杨彦洁(日本关西大学法学士)、孙贵定(暨大外文系教授)、孙振(记者、编辑)、俞寄凡(日本高等师范学校图画手工部)等。

除此之外,其余的人只有一本教育学原理的文本问世,而且,其中从事与教育相关工作的人比较多。譬如,颜可铸(湖南省立第三师范学校校长)、覃寿恭(湖南官立法政学校教员)、缪文功(江苏省南通中学校长)、张继煦(留学日本东京宏文书院师范科)、吴馨(务本女塾创办人)、侯鸿鉴(留学日本宏文学院师范科)、金华祝(留学日本宏文学院师范科)、秦毓钧(锡金公立师范学校主教务)、刘以钟(日本东京高等师范学校)、范源濂(日本东京高等师范学校)、毛邦伟(东京高等师范学堂教育系)、舒新城(毕业于湖南高等师范学校)、刘伯明(南京高等师范学校教授)、郑宗海(美国哥伦比亚大学教育硕士)、常道直(毕业于北京高等师范大学教育研究科)、李石岑(日本东京高等师范学校)、蒋梦麟(美国哥伦比亚大学教育博士)、俞庆堂(美哥伦比亚大学教育学院)、张九如(毕业于江苏省立第三师范学校)、程其保(美国哥伦比亚大学教育博士)、李浩吾(杨贤江)(南京高等师范学校任教)、罗廷光(南京高等师范学校教授)、熊子容(湖南第一师范毕业)、宋桂煌(江苏省立教育学院)、陈学恂(毕业于浙江大学教授系),等等。此外,还有作为集体作者的湖北师范生、江苏师范生、直隶留日速成师范生、四川师范生等编的教育学原理文本。

二、教育学知识生产者的特点

对这些知识生产者及其文本做进一步的分析,可以发现有如下特点。

首先,在地域分布上,这些教育学知识生产者大多出生在沿海城市,或者是在沿海的口岸城市有着工作经历,而且时间愈早,这种现象愈明显。到了民国后期,随着留学生人数的逐渐增多和新式传播媒介的广泛使用,他们身上的地域色彩逐渐淡化,取而代之的共同点便是有着留学的经历。王奇生通过对近代人物的地理分布发现,"中国近代人物的出生地以江苏、浙江、广东三省最多。河北、福建、湖南、安徽、湖北、江西、四川等省次之"①。上述的这些研究结果表明,教育学知识生产者的地域分布与近代著名人物的地

① 王奇生. 中国近代人物的地理分布[J]. 近代史研究,1996(02):218-244.

理分布,以及中国近代化的区域进程基本上都是相吻合的。在一定程度上也说明,科举废除之后,人才的培养和兴起与经济的发展之间关系密切。

第二,从他们的知识结构上,我们可以看到由"通才"向"专才"的转变。早期关注教育并将教育视为一个国家议题的知识分子,都不是现代意义上的教育学专业人士,而是包括翻译人员、各地的留学师范生,同时还有报刊的编辑人员、中小学从事教育教学和管理的人员等,他们大都接受了一定的传统思想的影响,而这些也必定影响他们对西方教育学知识的消化和吸收。后来随着学科制度的逐渐巩固,从事专门学问的各类专业人才逐渐增多,出现了专门从事教育学知识生产的人;最重要的是,他们明确知道自己在从事教育研究工作,有了一定的学科自觉意识。

第三,他们从事教育学知识生产的目的多在于知识的外在目的,教育学学科建设的自觉性在初期不是很浓。他们大多都是为了教育救国、培育人才而来,甚至很多人都是其他学科领域的专家,往往抱着一种"教育救国"的迫切心愿,将教育作为一种业余爱好,"顺便"谈一谈教育问题而已。随着教育学学科的逐渐确立并强大,越来越多的人依靠教育学知识生产为生,教育学知识生产成了一种职业,但教育救国的色彩依旧存在,只是对于"教育救国"的认识逐渐深刻,教育救国的方式也变得多元。从中我们可以感受到,教育学虽然是人们对于教育经验的认识发展到最高阶段的产物,但是,作为一种活动的"教育"的地位却远远高于作为一门学科的"教育学"。

第四,在知识生产的结果中,前期多以译介为主,后来随着国人知识资本积累的逐渐增多,逐渐出现国人自编的教育学文本。在诸多著作中,由于偏重于作为师范学校教育学课程的教材之用,教育学的相关理论著作稀少。从这些译介的作者可以看出,虽然中国已经有了一批自己的翻译人才,但是无论在质量上还是数量上,还远远不能满足正常的发展需要。这也表明最初从事教育学知识生产的人才不少,而真正被教育学界所公认的人不多,很多人都不是因为自己在知识上有贡献而闻名于世,而是由于自己在教育实践或其他方面有所建树才使得后人开始关注他们的著作。在教育理论尚需翻译引入的时代,这些人对于教育究竟懂得多少,尚成为问题,故而研究的成分自然是有限的。

第五,教育学知识生产作者群的变化与西方教育学在华的传播存在一定程度的吻合现象,这表明翻译在一定程度上也是一种"建构"。换句话说,翻译从具有普遍性的意识形态层面来看并不是中立的,而是源于翻译者所处的文化、政治、生存心态及其拥有的各种形式的资本。这也就预示着,教育学知识的生产,既要重视学科知识本身的系统性、科学性以及前沿性,又要考虑市场与大众的接受程度。因此,无论是对于日本的模仿还是之后转向对美国的追捧,每一阶段的选材倾向都契合了当时的意识形态、社会需求及读者接受。在翻译方法上,每一阶段的译者也都会采取最有利于文化资本流通的翻译方式。总之,晚清以降,翻译已成为国人引介西学的主要方式,但国人对西学的引介并不是毫无自主性的,而是自我主动选择与社会的现实需求相结合的结果。国人对于西学的翻译,在一定程度上也是"国人表达文化立场的一种重要方式"①。教育学发展之初的教育学知识文本多为直接翻译、编写而成的教材,尽管这在初始状态下可以理解,但长此以往,其带来的弊端也逐渐显现。譬如,教材过多而专著较少造成教育学知识的理论性较弱,对国外教育学的过分依赖导致本国教育学知识生产不足等问题。最初国人取道日本引介教育学理论,对我国教育学的形成功不可没,但是以日本为中介的这种省时省力的方式也有一定的不利之处,因为知识在传播的过程中本身就有一定的损耗,再加上日本中间过滤和增生的环节,知识的真实性会大打折扣,使得教育学知识带有着一定的"日化"印迹,这对于我国教育学人的研究大大不利。

最后,通过对"教育学知识生产者"与"教育家"的大致比较来看,二者虽有重合,但不完全相同。在二者的概念界定上,前者则泛指在广义上从事与教育有关行业并以教育学文本作为知识产品的人。后者则包括在教育实践"第一线的校长、教师,包括教育理论家、教育思想家、教育管理者、教育行政的领导人"②。因此,我们可以看到,教育家不一定都是教育学知识生产者,教育学知识生产者也不一定都是教育家。黄国庭研究发现,民国时期大学教育系科中的教育学教师大多都有过在一线从事教育实践的经历,其中"曾担任过中学校长的达73人之多"。"原因一方面是因为大学附属中学与

---

① 马睿.作为文化选择与立场表达的西学中译:温彻斯特《文学评论之原理》中译本解析[J].中山大学学报(社会科学版),2013(01):49-57.
② 杨东平.呼唤当代中国的教育家[J].学术界,2010(1):116-118.

教育系之间关系密切,另一方面,还与当时的教育学者普遍相信教育能救国而热衷教育实践有关"①。譬如,中国近代教育学科的教授中多数人都曾服务过中小学的教育教学实践活动,如俞子夷、廖世承、舒新城等。

对于这些教育学人以及教育学文本的评价,我们既不能盲目夸大,也不能以今天的标准去妄下断言。但是我们可以看到,除了教育学人自身的因素之外,教育学知识文本的质量一方面与当时教科书的整体编译水平有关,另一方面则与当时我国的师范教育质量密切相关。我们可以通过教科书的编译状况,从侧面窥探教育学文本的生产质量状况。

教科书是教育学学科进行知识传承和形成学科认同的重要媒介。初次接触教育学的人,大多都是先通过教科书获得关于学科知识的大致版图。在我国的教育学知识储备极为贫瘠的时候,向西方学习,直接翻译并引进西方的教育学是一条学习的捷径。通过这些移植的"舶来品",我国的教育学人开始模仿并建立教育学知识的理论架构。但在江梦梅对晚清学部编辑的教科用书的评价中,江氏道:"学部自光绪三十二年设立图书局,编辑教科用书。部书初颁之时,任人翻译,毫无限制。部中每年耗经费十余万,以从事编辑印刷,无人监督,任其报销,三四年耗费数十万金,以成此十余种教人不足、害人有余之教科书。"究其原因,并非学部无编书的人才,而是人才"一则应酬甚繁,安能全力办公。二则局员分编辑、校勘两种,编辑者尚有明教育之人,校勘者大概词林中人,不知教育为何物,持笔乱改;每有原稿尚佳,一经校勘,反不适用者矣。校勘之后,尚须呈堂,堂官校勘者,辈分愈老,顽固愈甚,一经动笔,更不知与教育原理如何悖谬。然以堂官之威严,何人敢与对抗?彼所改者,无论如何,皆必颁行。科学为彼辈所不解,不敢轻于下笔,故笑柄尚鲜"②。同时,在各省初立师范学堂之时,就有时人对当时的师范学堂的师范生进行过这样的评价,认为各省的师范学堂中"成真正师范生者,卒十不得一"。原因则在于,"师范生汉文通者,则鄙夷科学,汉文劣者,则徒有技能,不数年或不数阅月而均毕业矣。虽简易科、本科、选科所立之名目

---

① 黄国庭.民国时期教育学者的中学办学经历及其对教学与研究的影响[J].河北师范大学学报(教育科学版),2010(1/2):21-27.

② 朱有瓛,戚名琇,钱曼倩,等.中国近代教育史资料汇编:教育行政机构及教育团体[Z].上海:上海教育出版社,2007:29-30.

殊,而成都浅深、品性高下不甚悬绝也"。因而"真师范生寥寥,而谋席面者充塞,且无以辨其果否能为教员也"[1]。

可见,众多原因的交织错乱,造就了当时教育学文本生产的现实状况。虽然在当时"应急""速成"的动机之下,这种简单、粗糙的翻译可以在短时间为教育学学科发展积累一定的知识基础,但是其弊端也是极大的。因为翻译看似简单,实则是一项综合的能力考查,除了对概括能力和语言能力有要求之外,还对翻译本人的生活经验和阅读经验有要求。从当时的翻译状况来看,大多都是一些留学生匆匆翻译的东西,甚至是其他专业人士在出国留学或访问的过程中,"顺带"翻译的结果,这也就难怪面对着一群教育学的前辈,很多作者的名字却寡闻少见。

第二节　教育学系科:知识生产的学术阵地

学科是知识系统化、体制化的结果,以学科为基础的知识生产方式是科学知识生产的主要方式。中国教育学也经历了从知识到体制的这一学科建制过程。教育学知识生产不仅需要学科制度上的保障,还需要在大学中设置相应的系科、开设教育学专业、设置教育学课程等。近代教育学学科的制度规范化体系的初步成型,为教育学知识生产提供了坚实的根基。教育学知识生产活动是在学制的保障和引导下进行的,教育学知识的生产也受制于教育学人在其中工作或谋生的学科体制,换句话讲,教育学人的知识生产活动(思考、交流、著述等)都必须通过各种社会性的组织等方式上升至公共领域,从而对社会产生影响。这些制度性的建制看不见、摸不着,却以隐性的方式影响着教育学人个人乃至整个教育学界知识生产的内容、方式和结果。

肖朗在《学术史视野中的近代中国大学教育学科》中指出,近代中国大学教育学科史就是一部活生生的教育学术发展史。中国现代学术是在导入和借鉴西方近代学科分类观念和大学教育制度的基础上建立起来的,从而引发了以"四部之学"为核心的传统学术体系向以"七科之学"为基础的现

---

① 璩鑫圭,童富勇,孙守智.中国近代教育史资料汇编:实业教育·师范教育[Z].上海:
上海教育出版社,2007:635.

代学术体系的转型。① 项建英研究了近代中国颁布的 3 个重要的学制对大学教育学科的建立和发展产生的重要影响。他认为,清末《壬寅·癸卯学制》的颁定和实施确立了教育学科在大学的合法地位;民初《壬子·癸丑学制》提高了大学教育学科的层次;1922 年《壬戌学制》则促使大学教育学科趋向多元化和开放化。② 总之,近代学制的制定和实施,将教育学知识纳入大学堂和师范学堂的教学体系中,为教育学知识的生产走向专业化和规范化提供了制度保障。

一、系科设置的制度保障

教育学作为一门学科的兴起,发端于清末,初步成型于民国时期。梁启超的《论师范》一文论及了师范学校的重要性,表明“无论从理论上还是教育时间上都需要教育学科的指导,导入并开设教育学科已成为当务之急”③。1896 年盛宣怀创办的南洋公学开了我国师范教育之先河,公学中设有师范院,仿照日本师范学校附设小学校的做法,招收 10 ~ 17 岁的聪颖少年儿童 120 名。师范生在学堂具有双重身份,对教习而言是学生,对外院生而言是先生,这样,“师范诸生且学且诲”,可收“知行并进之益”。④

次年孙家鼐呈请设立京师大学堂,其中亦设师范斋。根据《京师大学堂章程》规定:京师大学堂设立“师范斋”,以“养教习之才”。从学生中“选其高才者作为师范生,专讲求教授之法,为他日分往各省学堂充当教习之用”。官学大臣之下,设教学和行政两套班子。教学方面:设总教习一员,“不拘资格,由特旨擢用”⑤。京师大学堂舍弃了过去平面的、以道德教育为中心的学校课程传统,在一定程度上接受了近代西方大学的课程模式。⑥《京师大学

① 肖朗,项建英. 学术史视野中的近代中国大学教育学科[J]. 社会科学战线,2009(09):200 - 207.

② 项建英. 论近代学制与大学教育学科的发展[J]. 江苏高教,2007,(03):30 - 34.

③ 项建英. 近代中国大学教育学科研究[M]. 上海:华东师范大学出版社,2012:28.

④ 田正平,商丽浩. 中国高等教育百年史论:制度变迁、财政运作与教师流动[M]. 北京:人民教育出版社,2006:55.

⑤ 田正平,商丽浩. 中国高等教育百年史论:制度变迁、财政运作与教师流动[M]. 北京:人民教育出版社,2006:62.

⑥ 田正平,商丽浩. 中国高等教育百年史论:制度变迁、财政运作与教师流动[M]. 北京:人民教育出版社,2006:63.

堂章程》规定:"宜取品学兼优通晓中外者,不论官阶、不论年齿,务以得人为主。"①据当时统计,光绪三十三年(1907年)全国有师范学堂541所,三十四年有581所,其速成性质者为多。②

同时,自清末以来所颁布的一系列学制以及政策法令,极大地推动了教育学学科的发展,间接促进了教育学知识的生产。甲午战争的惨败导致民族危机加剧,也愈加坚定了国人向西方学习的信念。在康有为、梁启超等维新人士的努力下,清政府被迫开始实行新政,分别于1902和1903年颁布了《钦定学堂章程》(又称壬寅学制)和《奏定学堂章程》(又称癸卯学制)。另外,罗振玉和他主办的《教育世界》杂志,对张之洞制订癸卯学制的影响最大。《教育世界》对癸卯学制的影响主要体现在四个方面:首先,刊载国内教育改革议论,推动教育改革理论的深入研讨,在观念上进行影响;第二,刊载译介日本各种学制章程、教育法规和教育书籍,为学制的颁定提供蓝本;第三,借鉴日本学制,对中国教育制度进行研究探索;第四,《教育世界》在创办过程中培养了一批新教育专家,为癸卯学制制订培养、训练了一批人才,他们直接参与了学制制订。③

1902年清政府公布管学大臣张百熙拟订的《钦定学堂章程》,这是中国教育史上第一个较完整的学制体系,也是近代学制转变的肇始。在1902年颁布的《钦定京师大学堂章程》中就规定:"学堂开设之初,欲求教员,最重师范。"除了向欧美、日本派遣留学生学习教育之法以外,章程的第九节规定:"师范馆照原奏招考举贡生监入学肄业,其功课如普通学,而加入教育一门。"在师范学生出身方面,"破格从优,以资鼓励。各省师范卒业生,亦得与京师大学堂师范生一律从优"④,这标志着作为一门课程的教育学的存在。在此之后开办的师范学堂中纷纷开设了教育学课程。

1903年,清政府又颁发张百熙、张之洞等拟订的《奏定学堂章程》,再次

① 京师大学堂条规[Z]//陈学恂.中国近代教育史教学参考资料:上册.北京:人民教育出版社,1986:449-453.
② 璩鑫圭,童富勇,孙守智.中国近代教育史资料汇编:实业教育·师范教育[Z].上海:上海教育出版社,2007:652.
③ 金林祥.中国教育制度通史:第6卷[M].济南:山东教育出版社,1999:309-310.
④ 璩鑫圭,童富勇,孙守智.中国近代教育史资料汇编:实业教育·师范教育[Z].上海:上海教育出版社,2007:583-586.

肯定了师范教育的重要性,认为"师范为各种学堂之根源","宜首先急办师范学堂"。在师资聘请方面,"可聘东西各国教员为师"。若无教员可请,则"速派人到外国师范教授管理各法",且"奖励不能不稍优"。① 它的实施完成了中国教育由古典向近代化的转轨,极大地促进了新式学堂的发展,最终使中国教育步入近代化道路。② 《奏定学堂章程》也可谓模仿日本学制的产物,其中将教育学列为师范学校的重点课程和高等学堂中文科学生的选修科。《奏定学堂章程》中所规定的师范学校的教育学课程如表5所示。

表5 《奏定学堂章程》规定的师范学校的教育学科课程③

学堂	教育学科课程
初级师范学堂	教育史、教育原理、教授法、教育法令、学校管理法、实事授业
初级师范学堂简易科	教授管理、教授学、管理法、教育制度、附属小学堂实习
优级师范学堂	教育理论、教育史、各科教授法、学校卫生、教授实事练习、教育法令

1906年,"学部奏定官制,于普通司师范教育科中,列女子师范教育为职掌之一。是年天津设立北洋女子师范学堂。1907年学部奏定女子师范学堂章程,1908年由学部在北京设立女子师范学堂"④。至此,优级师范学堂、初级师范学堂、女子师范学堂等纷纷设立,标志着师范学堂学制系统的基本形成。1912年9月和12月,教育部分别公布了《师范教育令》和《师范学校规程》,次年2月,又公布了《高等师范学校规程》,对师范教育制度作了明确的规定。⑤ 总之,民国初年的师范教育制度具有如下特点:与普通中学相比,在培养目标上更重视人格培养和训练,《师范学校规程》所列教养要旨共9条,其中有6条是关于品德与人格方面的要求,但从课程设置尚保留读经科来看,人格训练中的封建性因素较他种类型学校为多;为了适应快速培养中小学师资的需要,师范学校本科除第一部外还设有第二部及讲习科,高师除本

① 璩鑫圭,童富勇,孙守智.中国近代教育史资料汇编:实业教育·师范教育[Z].上海:上海教育出版社,2007:583,589,591.

② 金林祥.中国教育制度通史:第六卷[M].济南:山东教育出版社,1999:292.

③ 金林祥.20世纪中国教育学科的发展与反思[M].上海:上海教育出版社,2000:26.

④ 璩鑫圭,童富勇,孙守智.中国近代教育史资料汇编:实业教育·师范教育[Z].上海:上海教育出版社,2007:652.

⑤ 金林祥.中国教育制度通史:第6卷[M].济南:山东教育出版社,1999:25.

科外,还设有专修科和选科;课程设置整齐划一;注重学力。但师范专业训练没有教材教法,教育实习的分量不大,故师范性不够突出。①

1922 年的壬戌学制是中国近代史上持续时间最长、影响最大的一个学制。全国教育会联合会第五届年会的时候就已经开始了对修改学制系统的讨论,到 1921 年的第七次年会的时候通过了《新学制系统草案》,要求各地组织讨论并通过报刊向全国征求修改意见。此后,教育界人士纷纷加入到讨论的行列,针对旧制存在的问题以及中国的具体国情作了进一步细致的探讨,以《新教育》《教育杂志》《教育与职业》等杂志为中心论坛,提出了多方面的意见和建议。一些教育团体,如中华教育改进社,还专门开会讨论此问题。最终在全国教育会联合会的第八届年会上,壬戌学制以大总统令的形式得以公布。这个历经 7 年、集中了高度智慧的学制终于出台了。新学制中要求将高等师范学校改为师范大学,以提高师范教育的水平,但"后来出现了高师并入大学、中师并入中学的趋势,打破了师范教育的独立体系,降低了师范教育在学制上的地位,导致了师范学校和师范生数量下降,从而削弱了师范教育"②。师范教育的削弱在某种程度上影响了教育学科的发展。③ 不过,这却带来了教育学系科设置的多元化的局面,一些综合性大学也开始纷纷设立教育学系科。至此,教育系科在中国的师范学校和大学中已经逐渐创设。"中国教育学正式进驻学术体制内部,完成了学科建制的历程"④。

二、教育学系科的概况

教育学系科的创建为教育学人的知识生产活动提供了一个良好的栖身之处,是教育学人创造新知识的主要策源地。近代中国,尤其是五四时期的著名思想家、文化界名流大多跻身于大学,把大学作为他们表达思想、激扬文字的重要阵地,因而研究大学,特别是大学中的教师群体是研究近代中国思想家及近代中国文化、思想、学术、政治等的一个重要窗口。教育学人身

---

① 于述胜. 中国教育制度通史:第七卷[M]. 济南:山东教育出版社,1999:27.
② 于述胜. 中国教育制度通史:第七卷[M]. 济南:山东教育出版社,1999:65.
③ 金林祥. 20 世纪中国教育学科的发展与反思[M]. 上海:上海教育出版社,2000:102.
④ 孙元涛. 现代学术转型与中国教育学的建立[J]. 高等教育研究,2010(07):92－96.

在其中,从学校制度的构筑、学校的日常管理、学校教学制度的策划与实施,乃至自身的教育教学活动,都与教育学知识密切相关。在那里,具有相似价值取向的人聚集在一起,形成共同的学科认同并获得专业的学科身份,有利于他们更好地展开研究活动。教育学系科的创建,是教育学知识生产走向专业化和建制化的标志。

中国的教育学系科的发展与师范教育有着密不可分的联系,因此从师范教育的发展窥探教育学系科的演变也是一条可取的途径。下面是舒新城对中国近代师范教育的分析,主要将其分为两大时期、五小期,主要阶段和学校设置特点的概况如表6所示。①

表6 舒新城对中国近代师范教育的阶段分析

时期	学制系统	学校概况
萌芽期 (1897—1902)	无正式学制系统	只有南洋公学之师范院,与北京大学之师范斋为师范教育代表
学制系统建立期 (1902—1903)	学制系统正式成立,虽有师范名称,但无正式地位	养成小学教师之中等师范学校附于中学校,养成中等学校教师之高级师范附于高等学堂及大学速成科
清代师范教育积极进行期 (1903—1911)	学制系统修改,师范教育在学制中始有正式地位。女子师范教育开创	有五年之初级师范与四年之优级师范,以及四年之女子师范学校
民国师范教育革新期 (1912—1922)	各级学制均有变更,惟师范教育实际上少有变动	初级师范学堂改为师范学校,优级师范改为高等师范。设立女子高等师范学校。修业年限、设学目的则完全照旧
六年新制进行期 (1922—今)	取纵横活动的精神,设学年限与课程内容均由多量的伸缩,在全部师范教育中,以此期的变更为最大	"高师改大",综合型大学中教育学系科出现

关于教育学系科的形成原因,除了上述的制度上的保障之外,项建英还

---

① 舒新城.中国近代师范教育小史[Z]//璩鑫圭,童富勇,孙守智.中国近代教育史资料汇编:实业教育·师范教育.上海:上海教育出版社,2007:1083-1088.

认为,整个 20 世纪上半叶兴起的教育"科学化"运动,对近代中国大学教育学科的发展也起到了极大的促进作用。这主要表现为,一方面教育的科学化加强了教育学科的科学化,而教育学科的科学性又促进了学科专业性和学术性的增强,使教育学科形成了自己的话语体系,在大学里也得到了公认。另一方面,随着多种科学方法的不断应用,教育学科开始出现分化,涌现出许多新兴的分支学科,大量译著的出现使学科内容得到丰富,促进了教育学科体系的不断扩大和完善。[1]

以日本为蓝图,北京高等师范学校和南高师中纷纷开始设置教育系科。1915 年,北京高等师范学校设置了第一个教育学系科。1918 年,南京高等师范学校设立教育专修科。1920 年,北京大学在系科改组后也设置了教育系。之后,部分高等师范学校开始培养教育学科的研究人才。譬如,北京高等师范学校在 1920 年率先成立了教育研究所,开始招揽教育学研究生,设教育原理、教育史、教育制度、教授法、心理学、哲学、美学、社会学等课程,以培养教育界的高深人才。[2]北高师校长陈宝泉指出,"若不设置教育研究科,无以促进教育学术之进步"。教育研究科,"专攻教育学术,二年毕业。授予教育学士之学务"。"师范大学研究科毕业生,充甲乙中师范教育教员,及其他教育行政诸职务"[3]。大学教育研究所的出现,为教育学人从事教育学知识生产提供了更高的平台。之后,1927 年,国立中山大学也设置了教育研究所,国立北平师范大学、国立中央大学等也都相继成立此类机构。

项建英进一步总结出近代教育学系科设置的特点,认为近代中国大学教育学科首先是在清末优级师范学堂和民初教会大学崛起,后借鉴日本、美国的教育体制最终形成了以国立高等师范和综合性大学为主体的"双轨制",并最终形成以教会大学、私立大学、独立教育学院和独立师范专科学校为辅的"多元化"格局。在近代中国高等师范、国立综合性大学、教会大学和私立大学中,由于各大学教育学科的教育理念、课程设置、学术研究、培养目标等不同,教育学科的设置模式也不一样。四类不同性质大学的教育学科

---

① 项建英.近代中国大学教育学科研究[M].上海:华东师范大学出版社,2012:61-63.
② 金林祥.20 世纪中国教育学科的发展与反思[M].上海:上海教育出版社,2000:69.
③ 璩鑫圭,童富勇,孙守智.中国近代教育史资料汇编:实业教育·师范教育[Z].上海:上海教育出版社,2007:886-887.

既相互竞争又相互促进,共同推进了近代中国大学教育学科的现代化历程。主要表现为:①以师范为特色的高等师范教育学科;②以学术为灵魂的国立综合性大学教育学科;③以宗教为旨归的教会大学教育学科;④以社会服务为个性的私立大学教育学科。① 截止到1934年,各大学设置教育学科的共有42所;到1947年,上升为63所。②

后来随着美国对中国影响的加剧,以及1908年美国退换了庚款,一批留美的浪潮开始涌现,日本教习也开始淡出中国人的视线。中国人开始自己讲授教育课程,编纂教育教材,建设中国的教育学科体系。此阶段主要人物有郭秉文、蒋维乔、陆费逵、林壬、孙清如、杨保恒、周维城、张毓聪、张子和、朱元善,等等。③ 在对教师的聘任和考核上,《大学令》规定:大学设教授、助教授,必要时得延聘讲师。《修正大学令》则规定:大学设正教授、教授、助教授,必要时得延聘讲师。1917年教育部颁布的《国立大学教职员任用及薪俸规程》更进一步规定了大学教师的聘任权限及相应薪酬:正教授、教授、助教授、讲师、外国教员、图书馆主任、庶务主任、校医等,均由校长聘任之,并呈报教育总长;助教、事务员,均由校长聘任之,并汇报教育总长。对教师进行考核的内容主要有:教授成绩、每年实授课时间之多寡、所担任学科之性质、著述及发明、社会之声望。④

在优秀的师资力量支撑之下,教育学系科的创建又为我国中小学培养了一批优秀的师资队伍,改变了以往教师职位多为日本留学生的情况。在民国初年,中国自己的师范教育还处在学习和模仿日本的起步阶段,很多师范学校、教育学系科都是以日本为蓝图创建,很多师范学校教员、校长,甚至学校的办学理念、课程安排等都是借鉴日本而来。随着我国教育学系科队伍的不断壮大和发展,"北高师和后来的北师大培养出的毕业生,也就是我

---

① 项建英.近代中国大学教育学科设置的四种模式[J].华东师范大学学报(教育科学版),2012(02):84-89.

② 项建英.近代中国大学教育学科研究[M].上海:华东师范大学出版社,2012:252-253.

③ 金林祥.20世纪中国教育学科的发展与反思[M].上海:上海教育出版社,2000:27-30.

④ 田正平,商丽浩.中国高等教育百年史论:制度变迁、财政运作与教师流动[M].北京:人民教育出版社,2006:100.

们所说的本土化师资在师大附中任教,形成了一个深受学生欢迎的名师群体"①。这批新型师资力量在中国的驻扎,为中国培养了一批又一批的人才。

最后,我们还应注意到教育学系科在地理上分布不均衡的问题。这种地理空间上的分布不均,会对教育学知识的生产、传播、消费等带来影响。这种现象的出现,与当时中国的高等教育发展是吻合的。许美德指出,大学是教育学知识生产的主要场所,但中国现代学校教育和高等教育体系的地理分布不均衡问题,直到1911年辛亥革命以后,才逐渐被人们注意到。② 陶行知在1921年指出,"现在的师范学校都设在城市,连教授方面,也是重城轻乡"。而且在他看来,"一学校的好坏,和校长最有关系。一地方的好坏,和学务委员最有关系。但那时却不注意到这两层"③。侯怀银的研究也表明,民国时期教育系科的地域分布在省区分布上较为全面,51%的省和院辖市都创设了教育系科,但是这些省县多位于沿海发达的大都市及其辖区范围,而内地多处区域教育系科数量偏少。教育系科在院系上的分布则主要是分布在综合大学中,独立学院教育系科迅速增加,师范大学分布较少的状态。④

总之,近代中国大学教育学科史就是一部活生生的教育学术发展史,其经验教训对当今我国大学教育学科的建设来说,亦是一笔值得借鉴的宝贵财富。

第三节 交往网络:知识交流与传播的平台

组织网络和传播网络,将教育学知识生产建制化的各个部分有机地结合在一起,构建了一个教育学知识生产、传播的全国性网络,形成一个有凝

① 景晓平.国立北京高师和附中师资的国际化与本土化:简论中国教育从依附到自主的历史进程[J].华东师范大学学报(教育科学版),2010(01):69-74.

② 许美德.中国大学1895—1995:一个文化冲突的世纪[M].许洁英,译.北京:教育科学出版社,2000:58.

③ 璩鑫圭,童富勇,孙守智.中国近代教育史资料汇编:实业教育·师范教育[Z].上海:上海教育出版社,2007:893-894.

④ 侯怀银,李艳莉.民国时期教育系科的分布及其特征[J].高等教育研究,2011,(10):100-105.

聚力和共同价值认同的"无形学院",促进了教育学界的良好运转,对于教育学思想的交融和教育学知识的增长大有裨益。

刘易斯·科塞在《理念人》一书中曾写道:"知识分子的职业在社会中成为可能并得到承认,有两个必要条件。首先,知识分子需要听众,需要有一批人听他们宣讲自己的思想,并对他们表示认可。这些听众还得按常规支付经济报酬,不过对于知识分子来说,听众使他得到的威望或尊敬,以及他心理上的收获,大概常常比经济收入更重要。第二,知识分子需要经常与自己的同行接触,因为只有通过这种交流,他们才能建立起有关方法和优劣的共同标准,以及指导他们行为的共同规范。尽管流传的神话与此相反,大多数知识分子不能在孤独中创作自己的作品,他们需要和同行进行辩论和讨论,以形成自己的思想。不是所有的知识分子都好交际,不过他们中间的大多数人,需要和他们认为水平相当的人进行交流,以便检验自己的想法。"① 换句话说,"与听众交流"还有"与同行维持交往"是知识分子获取承认的必需条件,而这两个条件的满足,则必须得借助集会网络和传播网络才能得以完成。

一、组织网络

专业的社团组织"是将那些被认定具备专业技能的从业者联合在一起以谋求他们自身利益和公众利益的一种组织"②。组织网络有点类似于克兰所说的无形学院(invisible college,Crane,1972),即指不同教育学研究机构中的教育学人们通过独特的学术交流方式聚集起来的网络结构。这些社团组织的主要特点则在于能将不同的个人和群体聚积起来,形成群策群力的巨大能量。因而这些社团组织就成了一种社会黏合剂,可以有效防止专业内部发展的原子化倾向,防止因为个人之间的相互竞争而导致整个学界成为一盘散沙。这些组织主要通过发行杂志和书籍来传播自身的主张和理念,同时兼以营利为目的的刊物。学术共同体和学术活动的体制化是教育学知识生产的加速器。教育学人之间的频繁交流,使得知识生产的能量通过学

---

① 科塞. 理念人:一项社会学的考虑[M]. 郭方,等译. 北京:中央编译出版社,2001:3-4.
② 默顿. 社会研究与社会政策[M]. 林聚任,等译. 北京:生活·读书·新知三联出版社,2001:230.

术组织得以积聚并迸发出来,感染着一批又一批的学人继续从事教育学研究工作。王汎森也赞同"近代的学问是工场"这句话,其中重要的一点则是强调学问的"集众式研究"。①

在西学浪潮刚刚涌现的时候,人们在教育方面多注重的是一些关于学校制度建设、课程设置、学校管理等方面的内容,专门从事教育研究的组织机构很少。从1915年开始,中国人更多地注意理论方面的探讨,一些研究社团纷纷成立。② 这些教育类的社团组织大大推动了中国教育学理论的发展。

这些社团组织的兴起,与近代国人群体意识的萌发大有关系。中国的极弱导致民众如一盘散沙,欲强国富国,则首先必须合群。③ 1905年之后,国人开始接受"社会"④这一概念,这即表明一些由开明知识分子所构成的绅士公共空间开始形成,"绅士公共空间既是家庭以外的公共领域,又代表了人按某种目的组织起来"⑤。特别是受西学东渐影响下的开明士绅以及新式学堂培养出来的学生,成为新式社团组织的主力军。"开明士绅在其中起着主导作用,是精神领袖和财政支柱,而青年学生则是行动队。"⑥此外,维新派人士的宣传以及士绅的民间结党,也是促进新型团体不断涌现的主要原因。救国图存的强大目的之下,使得任何手段的兴起和运用都被看作是合法的。同时,政府与社会人士对于教育研究需求的大量增加,这些都是引发这些教育类社团组织大量兴起的原因。

这些教育社团虽然功能各异,但大都有着相同的结社动机和目标,那就是开启民智、教育救国。譬如,中央教育会的兴起就是缘于教育的兴废关乎国家的强弱,而教育业务的繁重,"非决一二执行教育之人所能尽其义

---

① 王汎森.中国近代思想与学术的系谱[M].长春:吉林出版集团责任有限公司,2010:415.

② 金林祥.20世纪中国教育学科的发展与反思[M].上海:上海教育出版社,2000:25.

③ 国人对于个人与群体的关系可从严复将斯宾塞的社会学译为"群学"窥见一斑。

④ 从雷蒙·威廉斯的分析中我们也可以看到,"社会(society)"一词在西方也经历了从最初14世纪的"同伴(companion)"、16世纪的"情谊非常深厚",再到17世纪的"众人之集合与意见之一致"等涵义的现代性演变。具体参见[英]雷蒙·威廉斯.关键词:文化与社会的词汇[M].刘建基,译.北京:生活·读书·新知三联书店,2005:449.

⑤ 金观涛,刘青峰.观念史研究:中国现代重要政治术语的形成[M].香港:香港中文大学当代中国文化研究中心,2008:215.

⑥ 桑兵.清末的新知识界的社团与活动[M].北京:生活·读书·新知三联书店,1995:277.

蕴",再加上"中国幅员辽阔,民生艰窘,其间土俗人情,又各自为风气,措办学务,每多扞格。其普及教育之推广维持、教授管理,在须广集教育经验,有得人员,周资博访,始足以利推行而免阻碍",鉴于此,"学部为关于全国教育征集意见奏请设立中央教育会"。①陆费逵对于中央教育会的成立,也表示赞成。陆氏认为,学部仿照日本教育会议制度所设立的中央教育会,"将以集思广益,补助教育行政,甚盛事也。开会一月,重要议案通过者甚多"②。全国教育会联合会则是由各省教育会及特别行政区域教育会组织而成的,建立的缘由亦是试图邀集教育家和富于学识经验者,"为教育界助以螳背之力"。全国教育会自1915年在天津召开第一次会议之后,坚持每年召开一次大会,应国外教育趋势,讨论全国教育事宜。截止到1926年,全国教育会联合会共举行了11届大会,对于教育发展的贡献巨大。"会场上各据所见,侃侃而谈,虽系经验之报告、高尚之理论、多年交好之表示,亦必再三彼岸诘,大声疾呼,面红耳赤,毫不循情。"③除此之外,江苏、福建、河南、安徽等各省的教育会则主要是"研究本省的学务之得失"。譬如,江苏省教育会的主要活动则有创办学校、开展教育研讨、组织教育团体、协助发展体育事业等。当然还有县一级的教育会,如上海县教育会、宝山县教育会等。

此外,地缘、经济因素是诸多教育社团兴起的主要因素,有着相同利益关系和价值倾向的群体意识便比较容易聚集在一起。"由于沿海与内地、都市与乡镇之间存在社会发展的梯次差距,在新学以及趋新事业的发展方面,形成以上海为轴心,以各大都市为枢纽的辐射网。这种格局对于社团组建具有明显的制约影响作用。"④从下表中(表7)就可以看出,经济发达的江苏、浙江、上海等地就自然成为社团的多发地。譬如,创建于1905年的江苏省教育会,创建的原因即在于,"上海居江海要冲,输入文化较早,交通又最便利,于是二三深识之士力图大江南北学务之平均发展,于光绪三十一年十

① 《学部奏准设立中央教育会并拟具章程折并章程》,载于朱有瓛,等.中国近代教育史资料汇编:教育行政机构及教育团体[Z].上海:上海教育出版社,2007:177-178.

② 陆费逵《论中央教育会》,载于朱有瓛,等.中国近代教育史资料汇编:教育行政机构及教育团体[Z].上海:上海教育出版社,2007:184.

③ 朱有瓛,等.中国近代教育史资料汇编:教育行政机构及教育团体[Z].上海:上海教育出版社,2007:241.

④ 桑兵.清末新知识界的社团与活动[M].北京:生活·读书·新知三联书店,1995:277.

一月集合同志设江苏学务总会于上海,以研究本省学务之得失,图学界之进步为宗旨"①。地缘和血缘等传统的合群方式在很长的一段时间内都起着重要的作用,后来随着不同地域之间人口流动性的增强,狭隘的地方主义才逐渐被打破,"新的独立的阶层、阶级的出现以及社会组织由原来的以血缘、地缘为纽带向业缘、情缘为纽带转变,新兴的政党、协会的社会组织出现"②。最初这些大多集中在发达的大都市中,后来随着社团的不断发展,许多社团都呈现出向内地乡镇不断拓展的趋势。譬如,"中国教育会从一开始就没有用狭隘的地域观念把自己局限起来,而是力争建设成为全国性组织,这从它标明为中国教育会既已昭然"③。在中国教育会的影响下,浙江、江苏、江西、四川、湖南、广东、山东、福建等省纷纷成立教育会或教育研究会。这些组织大都以普及国民教育,振起自立精神、养成国家思想,振起尚武精神为宗旨,会员一般有百余人,有的多达400人。除总会外,还在府县设立支部。④

表7 社团的区域分析表⑤

省份	江苏	浙江	上海	福建	广东	江西	湖北	湖南	安徽	直隶	四川	东三省	河南	山东	贵州	广西	云南	山西
数目	77	51	42	20	18	10	9	8	8	8	6	5	4	4	3	1	1	1

"戊戌时期,在维新派的倡导下,中国出现了几十个学会组织,产生了广泛的社会影响。政变发生后,这些学会大都陷于停顿"⑥。"到1909年,各地共建成教育会723个,而上一年仅为506个,发展很快,并且仍在加速。例如江苏1909年有教育会55个,3年后增加到115个,翻了一番。"⑦在推行新政期间,绅士组织的各种社团是如此之多,迫得官府不得不在法律上定出这些

① 陆费逵.论中央教育会[Z]//朱有瓛,等.中国近代教育史资料汇编:教育行政机构及教育团体.上海:上海教育出版社,2007:277.
② 何晓明.近代中国社会构成简论[J].历史教学,1994(05):7-12.
③ 桑兵.清末新知识界的社团与活动[M].北京:生活·读书·新知三联书店,1995:206.
④ 桑兵.清末新知识界的社团与活动[M].北京:生活·读书·新知三联书店,1995:211.
⑤ 桑兵.清末新知识界的社团与活动[M].北京:生活·读书·新知三联书店,1995:275.
⑥ 桑兵.清末新知识界的社团与活动[M].北京:生活·读书·新知三联书店,1995:273.
⑦ 桑兵.清末新知识界的社团与活动[M].北京:生活·读书·新知三联书店,1995:274.

社团的合法地位。① 据《第二次中国教育年鉴》中记载,学术文化团体,须向报请教育部完成立案程序,民国二十九年十一月社会部成立,事项团体移归社会部主管。经查,三十七年一月已立案及尚未完成立案程序者共有三百十五团体,为之区别性质,计国际文化二十,体育卫生二十,学术文化九十四,教育十九,自然科学二十二,工程十六,政治法律二十三,经济建设七十五,边务九,艺术七。至于各省市之学术文化团体,尚不在内。又未呈请社会部立案者,亦不在内。②

在朱有瓛等人所编的《中国近代教育史资料汇编——教育行政机构及教育团体》一书中,将这些教育团体分为四种类型:第一是中央教育会以及各省、县的教育会;第二是教育部主持设立的教育团体,譬如通俗教育研究会、国语统一筹备会、教育调查会等;第三是民间教育团体,譬如中国教育会、上海私塾改良总会、中华职业教育社、北京大学平民教育讲演团、中华教育改进社等;第四则是在华的基督教教育团体,有马礼逊教育会、学校教科书委员会、中华基督教教育会等。其中,全国性的教育学会组织则是教育学知识生产的主导力量,地方性和其他类型的组织则形成一种促进教育学知识生产的助推力,他们之间相互协调。③ 张礼永则认为近代教育建设既不同于纯粹民间自营,也不同于全由政府掌控,而是由官民合作的"第三条道路",即"从地方型的教育会,到事业型的教育社,再到学术型的教育学会,由此构成了民国时期教育研究组织的基本形态"④。

在人员的构成上,这些社团组织的人员成分都相当多元,他们都在发展的过程中不断地扩大会员的范围,拓展教育学共同体的规模。据桑兵考察,中国教育会的入会人员主要是学校教师、翻译人员以及一些记者、学生等,

① 金观涛,刘青峰. 观念史研究:中国现代重要政治术语的形成[M]. 香港:香港中文大学当代中国文化研究中心,2008:209.

② 教育年鉴编纂委员会编. 第二次中国教育年鉴:第 1 册[Z]. 台北:文海出版社,1986:843.

③ 朱有瓛,等. 中国近代教育史资料汇编:教育行政机构及教育团体[Z]. 上海:上海教育出版社,2007.

④ 张礼永. 教育建设的第三条路:民国时期教育研究组织之探析[D]. 上海:华东师范大学,2011.

而且大多是"上海及内地顶有名望的人"①。肖朗等人也认为,就人员的实际构成来看,"声望卓素、热心教育、术有专攻"可谓基本要求。②譬如,成立于民国二十二年的中国教育会,在最初仅有会员一百五十多人,经过逐渐地发展之后,今已有个人会员千余,包括教育学者、教师、教育行政人员等,团体会员多为赞助本会之各省市教育行政机关团体、大学师范学院等。③

从历时性的过程来看,这些社团组织的人员构成还经历了从以传统士绅为主的阶段,转向以接受过新式教育、留学生为主的阶段。越来越多接受过专业的教育学学术训练的人开始出现在这些社团里,一方面反映了教育研究学术化与专业化的大趋势,另一方面也起到了汇聚众人之力,深入进行教育研究的作用。这些社团组织都聚集了当时教育学界著名的人物,以及社会上热心于教育事业的名流志士,很多教育学系科的教师也都纷纷加入进来(见表8),他们凭借自身的社会声望和学术造诣而成为这些社团组织的核心人物。他们一起齐心协力,共同促进教育研究的深化。1922年的"壬戌学制"可谓全教联集各地教育专家之力开展教育学术研究的生动写照。④此外,教育学许多人士的教育实验活动都是以教育学会等组织为依托展开的。譬如,黄炎培等人以中华职业教育社为依托创办农村改进实验区,探索职业教育的实践模式;晏阳初等人以中华平民教育促进总会为平台,极力开展平民教育运动等。⑤

---

① 桑兵.清末新知识界的社团与活动[M].北京:生活·读书·新知三联书店,1995:197.

② 肖朗,杨卫明.中国近代教育学会与教育家群体的教育学术研究[J].湖南师范大学教育科学学报,2011(03):72-77.

③ 教育年鉴编纂委员会编.第二次中国教育年鉴:第1册[Z].台北:文海出版社,1986:844.

④ 肖朗,杨卫明.中国近代教育学会与教育家群体的教育学术研究[J].湖南师范大学教育科学学报,2011(03):72-77.

⑤ 肖朗,杨卫明.中国近代教育学会与教育家群体的教育学术研究[J].湖南师范大学教育科学学报,2011(03):72-77.

表 8 教育学科教授创办参与教育学术团体一览表①

名称	成立时间	地点	发起人(负责人)
中国教育会	1902 年	上海	蔡元培、章炳麟等
北京通俗教育会	1912 年	北京	陈宝泉等
中华教育改进社	1921 年	北京	陶行知、范源濂等
中华平民教育促进会	1923 年	北京	陶行知、朱其慧、晏阳初等
幼稚教育研究会	1923 年	南京	陈鹤琴等
中华教育研究社	1925 年	—	邰爽秋、王卓然等
中国测验学会	1931 年	南京	艾伟、廖世承、陆志韦等
中国心理学会	1937 年	南京	陆志韦、肖孝嵘、艾伟等
中国民生教育会	1930 年	上海	邰爽秋
生活教育社	1938 年	桂林	陶行知
实际教育调查社	1921 年	北京	范源濂、张伯苓等
中国儿童教育社	1929 年	南京	陈鹤琴

这些社团组织创办之后,他们的活动也十分多元。譬如,中国教育学会"以研究教育学术为中心工作,战前从事之研究计有生产教育问题、师范教育研究、国难时期教育方案等等,战时又次第完成各种教育学术专题研究,其最著者如大学教育系之目标及课程,缩短现行学制之总念书,暨今数十年教育建设计划及方案等"②。江苏省教育会的主要活动则有创办学校(1906年设立法政讲习所,1915 年设立体育传习所,举办小学教授法讲习会及小学教员暑期讲习会)、开展教育研讨(新学制讨论、1915 赴美考察讲演会、1920课程讨论等)、组织教育团体(江苏童子军联合会、江苏各局劝学所教育会联合会、各省教育总会联合会等),以及协助发展体育事业,筹设各县公共体育场等。③ 中华职业教育社的活动包括创办学校、开展职业教育研究、改革农

---

① 翟敏.中国近代教育学科教授职业行为分析[D].苏州:苏州大学,2010.

② 教育年鉴编纂委员会.第二次中国教育年鉴:第 1 册[Z].台北:文海出版社,1986:844.

③ 陆费逵《论中央教育会》,载于朱有瓛.中国近代教育史资料汇编:教育行政机构及教育团体[Z].上海:上海教育出版社,2007:184.

业教育、试办职业指导、举办展览会、组织研究会、参与修订"新学制"等。

虽然有些社团结构松散且维持时间较短,但各种教育团体组织的出现,为教育学人搭建了学术研究和交流的平台,加速了教育学知识的生产。这是近代教育改革的客观趋势,也是教育学发展的内在规律。它们一面借组织联系之便,从上海总会获得各种新知信息,一面向封闭的基层社会传输推进新事业,特别是将基层社会散布各处的开明人士聚合、组织起来,形成一股趋新势力,教育和影响后生学子及一般民众,成为都市变化传导于乡村的社会载体,促成城乡社会变迁的呼应共振。① 从个人到团体,从城市到乡镇,大大加强了组织的能量和影响力,大家齐心协力,促进了教育事业的欣欣向荣。

近代学术的转型不仅引进了全新的教育学知识和方法,还催生了记录并传播这些知识和方法的社团组织机构。围绕着大学中的教育学系科,这些专业的社团组织将不同大学中的教育学人聚集起来,通过相互之间的交流对教育问题进行深入的探讨。然后,再通过创建专门的教育期刊,将探讨的结果以及各种研究成果以文本的形式传播出去,从个人知识上升为公共知识后才宣告了教育学知识生产过程的初步完成。因此,教育学人进行知识生产的各种社会性建制,除了教育学系科之外,还应包括学校、传媒和社团等进行知识生产和传播的公共交往网络。他们借助报章杂志以及演讲等形式,型塑着中国的教育话语并进行知识生产和再生产活动,成为近代中国教育学知识体系创建的主导者。整个教育学界正是由这样一批志同道合的教育学人,以及热心于教育的人所创办的各种学会和团体组织所形成的网络系统推动的。他们定期聚集起来,就国内外教育大事进行商讨,最后形成决策建议。

二、传播网络

一般而言,教育学人的交流和联系方式主要有发行学术期刊、进行学术会议以及演讲等形式。教育学人的知识创造活动,主要以文本的形式,在教育学界内部传播、分享和评价。尽管演讲、学术会议和其他时候的聚会对于

---

① 桑兵. 清末新知识界的社团与活动[M]. 北京:生活·读书·新知三联书店,1995:224.

文本的世界而言是多余的,但恰恰是这些面对面的结构形式最持久地贯穿于学术生活的整个历史中。[1] 柯林斯认为,这些方式作为学术共同体的基本互动形式,两千多年来未有什么变化。20世纪重要的知识分子集结而成的集体和公元前5世纪的时候差不多。著名的老师和以后将成名的学生之间的个人联系构成的链条类型多少代以来一直是一样的。尽管交流技术已经逐渐畅行无阻了,知识分子的人数也已经从孔子时代的中国的上百个群体大幅度增加到今天有成千上万的科学家和学者在发表作品,情形亦复如此。[2] 这主要是因为学术生活与面对面的情境是紧密相连的,互动仪式只有在这个层面才能发生。学术神圣客体的创造和维系只存在于膜拜它们的仪式集会的时候才是可能的,这就是讲演、学术会议、讨论和争论的作用:它们把学术共同体聚集在一起使共同体成员对他们所特有的共同客体引起关注,并围绕这些客体建构起独特的情感。[3]

1902年,梁启超就认为"学生日多、书局日多、报馆日多"是影响中国前途的三件大事。[4] 因此,当时教育学知识传播的方式主要有三种:一是翻译国外的教育学著作;二是通过创办刊物进行翻译与介绍,一些著名的译著大都是先在报刊上刊载而获世人追捧的;三是留学生以及来华外国人的直接宣传。留学生回国后,有的通过翻译的形式传播自己在国外所学的教育学知识,有的则直接参加教育实践,在践行中宣传教育理念和思想。随着海外交流的增多,许多来华外国人,譬如杜威、罗素等都直接来华宣传自己的教育思想,从而大大推进了教育学知识的普及和传播。教育学知识传播的主要载体则是报刊和图书,前者的优点是内容简短、传播及时、效率高,后者的传播特点则是内容系统、论述深刻,但出版周期较长、传播速度较慢等。二者的出现都得益于西学东渐的浪潮,它们相互结合、互相补充,共同创造了近代教育出版业的高峰。在期刊上发表文章,出版专业著作来表明自己的

---

[1] 柯林斯.哲学的社会学:一种全球的学术变迁理论:上[M].吴琼,等译.北京:新华出版社,2004:12.

[2] 柯林斯.哲学的社会学:一种全球的学术变迁理论:上[M].吴琼,等译.北京:新华出版社,2004:12.

[3] 柯林斯.哲学的社会学:一种全球的学术变迁理论:上[M].吴琼,等译.北京:新华出版社,2004:12-13.

[4] 肖朗,洪港.中国近代教育出版综论[J].教育研究,2008(06):95-101.

研究结果,成为近代教育学人一种常规的生活方式。

　　鉴于一些教育学著作的情况在本章第一节中已经有所概述,因而先重点对教育类期刊进行分析。1815 年,外国传教士在马六甲创办了第一份中文期刊《察世俗每月统计传》,开始向中国介绍西方的教育情况。1901 年,由罗振玉和王国维等人在上海创办了国人的第一份教育学专业期刊《教育世界》,以此为窗口向国人介绍国外教育名家名著及最新的教育动态。在中国近代史上,由教育行政部门、教育团体、各级各类学校和新闻、图书出版机构创办的教育期刊有千余种,[①]很多社团都有自己的期刊和出版社。从 1898 年到 1912 年,华文报刊由百余种增至 500 种,连同陆续停刊者,共有 700～800 种之多,总发行量仅据 1913 年邮政系统运送的报纸印刷品计,就达 51 524 800 份,成为中国报业史上的重要时期。[②] 无力办报出书者则开设图书馆、阅书报社所,购置各种新书报供人借阅。据不完全统计,1904 年以前,江苏、江西、广东、福建、四川、湖北、浙江、山东、湖南、安徽、北京、河南、贵州等地建有阅览书报机构 116 处。[③]

　　专业期刊数量的增加,表明教育研究人员的增长和教育学知识生产文本数量上的增长,一些高校和教育组织也纷纷开始创办自己的期刊,不断为自身打造知识发表的平台,加速个人知识向公共知识的转化速度。这些期刊作为教育学知识传播的媒介和源泉,源源不断地向社会传递教育学知识。杨建华通过对 892 个县级以上的主要教育期刊的总结,制成了"1901—1937 年全国历年县级以上新增教育期刊数量统计表"(见表9)。

　　① 杨建华.中国近代教育期刊与近代教育发展:以上海近代教育期刊为例[D].上海:华东师范大学,2005.

　　② 桑兵.清末民初传播业的民间化与社会变迁[J].近代史研究,1991(06):53－77.

　　③ 桑兵.清末新知识界的社团与活动[M].北京:生活·读书·新知三联书店,1995:282.

表9　1901—1937 年全国县级以上历年新增教育期刊数量统计表①

年份	合计	年份	合计	年份	合计	年份	合计
1901	1	1911	3	1921	15	1931	40
1902	1	1912	5	1922	16	1932	65
1903		1913	12	1923	12	1933	47
1904	1	1914	8	1924	18	1934	45
1905	1	1915	11	1925	19	1935	43
1906	1	1916	4	1926	9	1936	38
1907	5	1917	5	1927	32	1937	41
1908	5	1918	7	1928	26		
1909	3	1919	18	1929	46		
1910	3	1920	13	1930	39		

　　田正平和商丽浩将中国近代期刊的现代化发展总结为四个特征。第
一,期刊在数量上的增减随着中国局势的变化而起伏,如民国创建之初最高
增幅达 22 份,形成了一次创刊高峰,但 1932 年"一二八事件"的发生也带来
了期刊数量的下降。第二,教育期刊的主办群体中,政府是主要的动力来
源,其次则是教育团体、学校、书局和编辑社等部门。这主要是由于近代中
国时局的不稳定,造成社会动荡以及人员的流动,导致了教育期刊"旋生旋
灭"的现象,而政府所拥有的权力和资源较为强大,足以支撑期刊的发展。
第三,在期刊的区域分布上由东南向西北呈阶梯状下降,其分布重心随政治
中心的转移屡有变迁。其中,上海以其得天独厚的优势而稳居首位,同时,
这一趋势与我国近代经济、政治的发展相吻合。第四,教育期刊在内容上则
基本涵盖了中国教育近代化进程中所表现出来的各个方面,而且针对不同
的问题,教育期刊都有着明确的专业分类结构和不同的栏目设置,但教育期
刊的整体和个体仍带有综合性的特征。② 从现有资料来看,当时中国教育学
界对于西方教育理论的宣传和引介十分地迅速和全面,"新中国成立以前,
西方教育的所有科目在中国已基本上能找到,西方的各类教育理论论著总

---

① 参见杨建华. 中国近代教育期刊与近代教育发展:以上海近代教育期刊为例[D].上
海:华东师范大学,2005.

② 田正平,商丽浩.中国教育期刊的现代化特征[J].高等教育研究,2003(01):83 - 88.

是被很及时地译成中文出版或是刊于各类杂志上"。① 总之,近代教育期刊在对于教学的变革、学制的影响、教科书的发展以及近代学术的发展等方面,都做出了显著的贡献。②

此外,演讲、会议等方式也对近代教育学知识传播的重要策略。很多有实力的社团还聘请国内外颇有声望的教育名人进行演讲以招揽听众。譬如,最为典型的则是中华职业教育社对杜威的邀请,杜威在华的行迹多达11个省市地区,杜威的演讲超过两百多次,在整个社会都引起了一股"杜威热",对教育学界甚至整个社会发展所产生的效应不可小觑。

年会是进行教育学术交流和讨论的主要活动形式。学者们齐聚一堂,交流思想。据《第二次中国教育年鉴》记载:"我国自兴办新教育以来,所举行之全国性教育会议,最早者为清宣统三年学部召集之中央教育会议。及民国肇建,元年七月教育部召集中央临时教育会议,五年十一月举行教育行政会议,十一年九月开学制会议,十五年七月国民政府在广州召集中央教育行政第一次大会,十七年国民政府定都南京,五月开第一次全国教育会议,十九年四月开第二次全国教育会议,抗战军与国府西迁,二十八年三月在渝举行第三次全国教育会议。战时所召开之会议,性质均为专门者有:各省市国民教育会议、中等教育会议、师范教育讨论会、全国高级教师师范教育会议、社会教育会议、教育视导会议、各省市教育行政工作检讨会、全国国民体育会议、教育医学教育会议、国语推行委员会会议、史地教育委员会会议及边疆教育会议等。抗战胜利,又有全国教育善后复原会议之举行。"③就中国近代教育学会开展学术研究而言,年会堪称主要的方式和渠道。比如全国教育会联合会,1915—1925年间共择地举行过十一届年会。中华教育改进

① 金林祥.20世纪中国教育学科的发展与反思[M].上海:上海教育出版社,2000:67.
② 详情参见王博.清末民初教育期刊对教学变革的影响之研究(1901—1922)[D].湖南师范大学博士学位论文,2013;杨建华.中国近代教育期刊与近代学制嬗变:以上海近代教育期刊为例[J].宁波大学学报(教育科学版),2008,30(1):34-39;喻永庆.近代教育期刊与教科书的发展:以《教育杂志》为例[J].湖南师范大学教育科学学报,2010,(02):34-37;肖朗,黄国庭.教育期刊与学术发展的历史考察:中美比较的视角[J].华东师范大学学报(教育科学版),2011(01):80-87;黄国庭,黄剑华.犹如流星逝去:中国著名教育期刊流变概述(1901—1949)[J].绍兴文理学院学报(哲学社会科学),2010,(06):116-120.
③ 教育年鉴编纂委员会.第二次中国教育年鉴:第1册[Z].台北:文海出版社,1986:58.

社自 1922 年至 1925 年先后举行过四届年会等。年会作为学术交流的主要平台,集思广益,不断促进教育学术研究的深化。

综上,科举的废除导致了大量知识分子的过剩情况,新式人才的不断增多,便自然会产生结社的需求,近代城市中大学、学会、出版等新的制度性媒介则给这些人提供了安身立命之地。许纪霖认为,"这些知识人,虽然成了职业各不相同的游士,但他们并非互相隔绝的一盘散沙,而是有着一个紧密联系的社会文化网络",这也就是许纪霖所说的"知识人社会"(intellectuals society)。与传统的以乡村士绅为主的"士绅社会"大有不同,"知识人社会"最主要的地方便是,这个知识人社会依赖的社会建制不再是以往的单一的科举制度,而是由学校、传媒和社团构成的一个知识生产、流通的建制性网络。"知识的再生产,就是权力的再生产,知识分子在生产知识的同时,也不断强化着他们的文化权力"①。整个教育学界就是一个人类生态学,来自不同情境中的教育学人在不同层次和性质的场景中相遇,并产生不同的互动仪式。个人被情境所吸引,充分利用他们自身的文化资本和符号资源去达到进一步的团结。这些相互之间联系的链条便构成了教育学界的一切。教育学人之间的学术互动主要是通过发表期刊、出版书籍、人际互动等方式进行,三种途径各有所长。近代教育学人所构建的集会网络和传播网络使教育学界在无形之中紧密联结,定期的学术会议、学术讨论等,只会使真理愈辩愈明。对教育问题的解决的内驱力以及对真理的笃定是教育学人交往网络趋于坚固的直接动力。可见,教育学界作为一个分层的网络结构,是一个异质性的存在,拥有不同文化资本、情感能量以及地位的人对于教育学有着不同的看法和要求,而教育学知识的发展也必然受着自身内部网络结构的影响。因此,在柯林斯"互动仪式链理论"的引导下,结合中国近代教育学发展的特殊性和独特性,笔者便开始沿着这一思路"接着说"。

---

① 许纪霖. 精英的社会史如何可能:从社会史角度研究近代中国的知识人社会[C]. 社会史研究之一:中国社会史研究的理论与方法,2009.12.

第四章　教育学知识生产主基调的奠定

　　历史是由很多股力量竞争或竞合前进的,一个时期并非只有一个调子,而是像一首交响曲,有很多调子同时在前行。而且,历史是一个未完的牌局,我们此刻则是把它凝结在一个定点来研究。我们书写历史,往往只着重当时的主调,而忽略了它还有一些副调、潜流,跟着主调同时并进、互相竞合、互相影响,像一束向前无限延伸的"纤维丛"。如果忽略了这些同时竞争的副调、潜流,我们并不能真正了解当时的主流。①

　　　　　　　　　　　　——王汎森《执拗的低音:一些历史思考方式的反思》

　　前文中我们已经初步对于教育学知识生产的社会条件以及教育学界的网络结构进行了分析,本章则在此基础上逐渐进入教育学知识生产的核心地带。研究发现,在教育学知识创造的一些重要据点上,总是存在着两条相互交叉的学术链条,分别是哲学取向的教育学和科学取向的教育学。除此之外,还有一股外在的社会、政治力量,三者之间的冲突与对峙形成了知识生产的关键结构,奠定了整个教育学知识生产空间的"总基调"。之后的教育学知识生产,无论如何"变奏",都是建立在对这三者的附和或者批判的基础之上。这三个取向之间的更替并非直线式的,而是交叉式的。在教育学知识生产的每个阶段,除了占主导地位的取向之外,其他取向的知识也并存着。此外,教育学知识内部的观念冲突则影响着知识构成的逻辑、论证方法和理论抽象的转向,外部组织、社会政治等条件影响着教育学知识生产的主题。我们可以将前者看作是教育学界内部网络结构的影响,将后者看作是教育学界外部因素影响的结果。总之,冲突与分歧充斥着整个教育学界的内外,正是这三股力量的博弈与抗衡,成了教育学知识生产多元化的根本动

---

　　① 王汎森.执拗的低音:一些历史思考方式的反思[M].北京:生活·读书·新知三联书店,2014:60.

力。"尽管教育学术的历史充满着不同学派和学者之间的竞争,但值得记住的是,这一段历史并不是两军对垒、你死我活"①。

第一节　"孤军奋战"的王国维

中国自古有教育但无教育学。没有"教育学"的概念,便没有相应的理论,因而导致这一学术领域注定成为外来知识的领地。20世纪初的中国教育学,是一个有待开垦的处女地,早期的教育学人在一个空白的领域中,都是作为分化者存在的,都在各自拓展着自己的空间。由于外来知识资源的"单一"②,以及本土教育学文化资本的"空白",他们无力进行高层次的分析和研究,"翻译"和"模仿"对他们来说是最快、最有效立足的方法。翻译某一外来文化的教育学产品会抑制接受者的知识创造力,当教育学人只是成为异域教育学文本的翻译者或转述者时,他们所输入的文化资本就会直接取代他们自己的知识创造。有的时候,输入甚至会完全淹没整个关注空间,导致出现整个教育学领域被观念输入者瓜分的状态。

然而,柯林斯认为,当本土派系的接受者有着足够强大的进行争论的基础和能力的时候,翻译也会刺激知识的创造。终于,教育学知识的创新在王国维这里出现了,他以哲学家的身份"奢侈地"编织着自己理想中的教育学,开启了另一个学术空间。王国维是第一批出现在20世纪中国教育学舞台上的知识分子的代表,王氏教育学被瞿葆奎评价为"两个第一",虽然后来叶志坚对这个说法进行了勘误,③但是这也丝毫不影响王国维在教育学史上的地位。王国维的教育学文本流传下来并成为经典,是学术界的互动结构所选择的结果,不是历史的偶然。伟大的学术恰恰在于某个人对学术史的进

---

① 拉格曼.一门捉摸不定的科学:困扰不断的教育研究的历史[M].花海燕,等译.北京:教育科学出版社,2006:序xii.

② 在1899～1911年,叶志坚统计的结果显示,翻译或转译自欧洲教育学的著作只有4本,其他的则基本上都是由日本引进的著述。

③ 叶志坚经过多方考证,认为中国最早的教育学译本应该是1899年由日本人剑潭钓徒节译奥地利教育学家林度涅尔的《教育学纲要》,当时连载于《亚东时报》第7～10号。

程的影响,或者说对他以后的各代人的影响。① 王国维建立在哲学基础上的教育学,对于当时一味将教育学视为功利性之"用"的时代来讲,实在是犀利无比,这些高屋建瓴的著作以及富有魄力的观念,便注定了王国维在教育学史上坚固的地位。在互动仪式链理论的启发下,本研究认为王国维教育学是"孤军奋战"的,一方面是由于王国维教育学"独树一帜"的卓越,另一方面则在于王国维教育学的"倏然中断"。

一、生活轨迹与知识资本

整个社会生活就是一个人类生态学,人们在一定的场景中聚散分合,个体的相遇在不同层次有不同的性质,并产生出不同的互动仪式。② 因而,决定一个人成功的原因是结构性的问题,而不是偶然的巧合。下面,我们就从互动仪式链的三个组成要素——文化资本、情感能量以及分层的网络结构——分析一下王国维学术互动仪式链的构成。

首先,知识的创作是对以往知识积累的综合,王国维进行知识创作的文化资本就来源于其成长过程中深厚的知识积淀。王国维凭借其深厚的家学渊源,以及浙江海宁那里广博的地域学养,使他对于中国国学有着发自肺腑的热爱。"家有书五六箧",再加上塾师所教授的骈文、散文等,十六岁便考中秀才即是对其国学功底的最好证明。③ 同时,生在单亲家庭中的王国维,造成了他较为忧郁、沉默寡言的性格,也注定了他之后对叔本华悲观主义哲学的沉醉。

其次,王国维的知识资本来自于机遇结构。二十二岁的王国维离开故乡,只身前往上海,空间上的转换为王国维打开了新的学术空间。之后,在王国维的交际世界里,我们可以看到,传统的那种地缘、血缘因素正在逐渐的淡化,而学缘、业缘等现代交往因素逐渐凸显。新型的交际方式,带来了前所未有的人生际遇,教育学知识生产的方式也在逐渐发生变化。与罗振

---

① 柯林斯. 哲学的社会学:一种全球的学术变迁理论:上[M]. 吴琼,等译. 北京:新华出版社,2004:60.

② 柯林斯. 哲学的社会学:一种全球的学术变迁理论:上[M]. 吴琼,等译. 北京:新华出版社,2004:9.

③ 祖保泉,张晓云. 王国维与人间词话[M]. 上海:上海古籍出版社,1990:2.

玉的相遇及罗对王的欣赏和照顾,为王国维的学术之路提供了一个良好的机遇结构。王国维先后在罗振玉创办的上海东文学社、武昌农务学堂和南洋公学堂任职,参与其中教育事务。① 王国维在东文学社与藤田丰八以及田冈佐代治之间的交谊,开启了王国维对于德国康德、叔本华等人学说进行钻研的大门,1899 年王国维留学日本也得到了这两位的大力相助。② 创刊于1901 年的《教育世界》是第一份专业性的教育杂志,其中刊登有数量可观的关于德国教育思想家的文章。王国维在《教育世界》的经历,使得他通过参与一些教育"热门话题"的传播和讨论,不仅丰富了他自身的教育学术素养,也使他的思想得到一定传播,给他带来了一定的声誉。王国维在《教育世界》上发表的一系列关于教育改革的文章引起了盛宣怀的注意,盛宣怀遂邀请王国维到南洋公学任教。之后,在他去日本考察的两个月期间,王国维看到了日本通过大量翻译西书而促进当地政治、经济发展,这使王国维感受到了学习西方先进思想的重要性,也成为他日后翻译西书的强大动力。③ 王国维通过对该学术领域著名人物著作的阅读,积累了大量的学术资本,与这些人之间的直接或间接的联系,使王国维得以处于学术研究的"前沿"。正是《教育世界》这样一份杂志,不仅使王国维"前卫"的教育思想得以在其中纵横畅游,而且也使他蜚声海内,奠定了他"中国近代教育改革先行者"的历史地位。④ 在《教育世界》任职期间,更是造就了王国维广博的知识基础,使得他能够对各种知识资源信手拈来,并练就了他独辟蹊径的问题意识,"一代大家的知识结构便在此焉"⑤。

知识分子的思维是有迹可循的,王国维在哲学上浓厚的兴趣和扎实的功力,深刻地影响着王国维对于教育学的思考。教育世界出版社在1901—1907 年出版了《教育丛书》,共 7 集,每一集都刊登有关外国教育的研究论文。从研究各国文章的数量来看,德国最受关注,有 42 篇是论述德国教育的文章,第二是法国,文章仅 26 篇,第三是美国,文章 15 篇,从中也可以看到

---

① 窦忠如. 王国维传[M]. 天津:百花文艺出版社,2007:79.

② 胡德海. 王国维与中国教育学术[J]. 教育研究,2012(12):110 – 113.

③ 窦忠如. 王国维传[M]. 天津:百花文艺出版社,2007:72.

④ 窦忠如. 王国维传[M]. 天津:百花文艺出版社,2007:69.

⑤ 叶隽. 王国维、蔡元培等人对德系资源的比较接受及其相关教育理想[J]. 教育学报,2013(03):118 – 127.

德国教育在当时中国受关注的程度。① 1903 年 7 月,王国维除了译著以外所发表的第一篇文章就是《哲学辨惑》,可见他对德国哲学的热爱之深以及研究之切。叶志坚曾对王国维编著本《教育学》中所引征观点的人物进行了频次统计,发现一共出现过 19 个不同的人物,其中出现次数较多的分别是德国的赫尔巴特(4 次)、齐勒(3 次)、贝内克(2 次),而且这些人物中以“教育学家、心理学家居多,次为哲学家和思想家”②。王国维知识来源的驳杂,与他在编著本《教育学》中的“思想来源的复杂性及其对多种教育学资源所采取的折中、杂糅的态度”有着一定的关系,这也注定了王国维教育学知识的与众不同。

最后,王国维知识创作的情感能量来自于他亲身的教育体验。1908—1910 年,是王国维一生中与教育学术结缘最深、最广的一个时期。③ 王国维的教育学编译本也恰好是他在江苏师范学堂担任教习期间完成的。“此编著本《教育学》既重视理论上和整体框架上的体系化,又不忘实际应用的需求,这种双重的价值追求,既是王国维个人独特的学术旨趣使然,也可能跟他当时的江苏师范学堂教育学教习的这一身份有关。”④王国维丰富的教学经验以及对于编写著作动机的需求,是他的教育学注重理论与方法的原因,也激起了他对于教育学的首要关注。王国维在教育学术研究上的筚路蓝缕以及勤奋耕耘,奠定了他在教育学史上稳固的学术地位。

二、教育学知识的卓越

“抄日—仿美—学俄”的简约式概括,往往会使我们不假思索地认为,近代教育学在产生之初是完全没有自身的创造力可言的,然而,在王国维身上,我们将看到思想输入“对于一个热情的接收者而言都能激发其自身的创

---

① 陈洪捷.中德之间:大学学人与交流[M].北京:北京大学出版社,2010:82.
② 叶志坚.中国近代教育学原理知识的演进:以文本为线索[M].杭州:浙江大学出版社, 2012:64 – 65.
③ 叶志坚.中国近代教育学原理知识的演进:以文本为线索[M].杭州:浙江大学出版社, 2012:52.
④ 叶志坚.中国近代教育学原理知识的演进:以文本为线索[M].杭州:浙江大学出版社, 2012:67.

造形式"①。创造性的第一次爆发发生在对抗中,而不是统一中。② 而且,创造性只会光顾那些能给自己创造最佳的位置占有这些机会的个体。③

一个人的卓越通常是通过与其同时代人的对比所显现的。从王国维在1901~1908 年之间关于教育学的著述中,可以发现王国维在教育方面文化资本的积累是相当丰厚,与他同窗并一起在《教育世界》任职的杨廷栋、沈纮等根本无法比及。在当时的同一阶段中,生产教育学文本相对较多的则主要有范迪吉、田吴炤和蔼辰。其中,范迪吉在 1903 年一年间翻译了三本日本教育学者的著作,田吴炤在 1903、1904 翻译了两本日本教育学著作,1905年自己编译并且自刊了一本《教育学教科书》,蔼辰在 1907、1908、1911 年编译了三本教育学著作。但这三人中,除了田吴炤在 1905 年随清廷五大臣出洋考察后还编有《考察教育意见书》之外,范迪吉的贡献则更多是翻译了大量的地学书籍。至于"蔼辰",笔者暂未搜集到他的相关资料,也没有查找到他的其他文献情况。可见,在教育学这个全新的学术空间被打开的前 10 年间,唯属王国维的知识资本最为强大。

表 10 1901—1908 年间王国维发表教育著述一览表④

发表时间	篇　　名
1901	[日]立花铣三郎讲述,王国维译:《教育学》,《教育世界》第 9~11 号
1902.12~1902.2	算术条目及教授法
1903.8	论教育之宗旨
1904.2	孔子之美育主义
1904.3~4	就伦理学上之二元论
1904.4	教育偶感二则
1904.5~6	论叔本华之哲学及其教育学说

---

① 柯林斯.哲学的社会学:一种全球的学术变迁理论:上[M].吴琼,等译.北京:新华出版社,2004:416.

② 柯林斯.哲学的社会学:一种全球的学术变迁理论:上[M].吴琼,等译.北京:新华出版社,2004:95.

③ 柯林斯.哲学的社会学:一种全球的学术变迁理论:上[M].吴琼,等译.北京:新华出版社,2004:48.

④ 在叶志坚的列表基础上整理而成,参见叶志坚.中国近代教育学原理知识的演进:以文本为线索[M].杭州:浙江大学出版社,2012:54-55.

发表时间	篇　名
1904.8	教育偶感
1905	王国维述:《教育学》,教育世界社印
1905.？	书叔本华遗传说后
1905.4	论平凡之教育主义
1905.7～1906.1	哥罗宰氏之游戏论
1906.1	教育小言十二则
1906.2	奏定经学科大学文学科大学章程书后
1906.7	去毒篇
1906.10	纪言
1906.11	教育普及之根本办法(条陈学部)
1906.11	教育小言十则
1907	[日]牧濑五一郎著,王国维译:《教育学教科书》,《教育世界》第29～30号
1907.2	教育小言十三则
1907.3	古雅之在美学上之位置
1907.5	论小学唱歌科之材料
1907.6	教育小言十则

　　王国维教育学的卓越还主要体现在以下四个方面。首先,王国维教育学立意高远。1902、1903 年两个学制的先后颁布,促进了师范教育的极大发展。在当时清朝廷推行新政,要求大力兴办新式学堂,并办师范以培养师资的时候,王国维则逆其道而行。王国维根据康德"三大批判"的哲学体系而提出,"教育者之宗旨,亦不外造就真善美之人物"。王国维认为,教育学应该建立在心理学、伦理学以及美学的基础之上。王国维"深怀生产教育学一般知识的高远理想,取用与康有为、严复、梁启超等洞然有别的方法,在起点上就不同"①。王国维的教育学不是梁启超等所认为的作为"师范教育之母"以及"教之术"的教育学,而是建立在哲学基础之上,以求人物之完全发

---

　　① 董标."教之术"到"教育学"演变论[J].华南师范大学学报(社会科学版),2006(06):80－93.

展的教育学。

其次,王国维的教育学运用了近代生理学和心理学的原理,提出了通过体、智、德、美"四育"来"养成完全之人物"的教育宗旨。王国维认为,"盖人有身、心二面,而心意中又有知识、感情、意志等种种之现象,故唯以其一部分为人之一成分,不可谓之妥也"①。同时,在康德哲学"三大批判"的影响下,王国维将康德的"知""意""情"三大形式与"真""善""美"的理想境界相结合,从认识论和方法论的高度将教育定位在智育、德育、美育的基础之上。② 后来王国维在《论教育之宗旨》中,又对培养"德、智、美、体"的"完全之人物"的思想进行了进一步的阐述。

第三,王国维的教育学著作显示出其思想来源的复杂性及其对多种教育学资源所采取的杂糅的态度,③王国维的眼光之高、感知之锐,除了康德、叔本华等人的哲学资源之外,"即便是作为世界文豪的歌德、席勒,也被他纳入教育史之伟人轨迹考察",④这些都显示出王国维著作的过人之处。因此,王国维认为,所谓教育学者,即"以科学的方法,研究一切关教育之事项者也"。而教育学的材料,一方面来自于其他学科,另一方面则来源于实际的教育经验,这也是王国维对他自身经验的总结。

第四,王国维教育学虽然以德国哲学、心理学、教育学理论为基础,但是并不盲目附和,而是有着自己的判断立场,以"美育代宗教"的选择,就是一个很好的例证。这种自觉性在当时"梁启超式"输入的情况下,实属难能可贵,大大提高了国人导入西方教育学说的理论水准。近代早期教育学文本框架在总体趋同的同时,在细部结构上又呈现出一定的多样性。表现出"同中有异""以同为主"的特点。⑤ 而且,在这些著作的内容陈述框架上,都表

---

① 王国维.教育学[M].福州:福建教育出版社,2008:4.

② 肖朗.王国维与西方教育学理论的导入[J].浙江大学学报(人文社会科学版),2000(06):41-49.

③ 叶志坚.中国近代教育学原理知识的演进:以文本为线索[M].杭州:浙江大学出版社,2012:64.

④ 叶隽.王国维、蔡元培等人对德系资源的比较接受及其相关教育理想[J].教育学报,2013(03):118-127.

⑤ 叶志坚.中国近代教育学原理知识的演进:以文本为线索[M].杭州:浙江大学出版社,2012:44.

现出"目的－方法"式的赫尔巴特教育学的特点。在 1901 年王国维翻译的立花铣三郎的《教育学》的开篇就有这样一段话:"我国古代无固有之教育学,而西洋则学说甚多,颇难取舍。就中德国教育学,略近完全。故此讲义以德国教育学家留额式所著书为本。氏教育学不但理论而已,于实际亦未有名者,则其书绝非纸上空谈可比也。氏之学说有不尽之处,间加鄙见,唯勉求不偏而已。"后经瞿葆奎等人证实,这段话非王国维自述的,而是立花铣三郎的原话。那么,从这里我们就能看出,当时中国借道日本翻译过来的教育学著述,并非全部都是赫尔巴特学派的著作,而且,"转借"过来的文本也都已经经过了日本的"过滤",已经不是德国的原著,或者在一定程度上可以称其为"日本教育学"。如果说翻译也是作者的一种立场和情感表达的话,那么王国维选取立花铣三郎的著作翻译,也可看作是王国维个人价值倾向的一种选择。王国维在日本期间,也正值赫尔巴特教育学在日本的盛行期,但是,王国维不仅是外来教育学的转述者,他还把许多知识都融入自己的教育学体系之内。

三、知识创造网络的中断

王国维的出现表明在当时阶段的学术熔炉中有更多的东西值得挖掘,但后来王氏在教育学创作方面的学术网络却突然中断,以至于未能推动其教育学知识的继续发展。董标认为,王国维那种孤寂的、人性审视的教育学构想,在理论上的卓越背叛与在实践上的幽暗无光,反差如此强烈,卓越自彰,幽暗自蔽,以至于难再找出第二个个案来。[①] 王国维教育学的"曲高和寡"注定了它必然会在孤寂中走向衰落,具体的原因可以借助于柯林斯的互动链仪式理论从以下几个方面分析。

第一,在柯林斯看来,学术生产"互动仪式"的构成因素主要包括:①至少有两个人的群体自然而然地聚集在一起;②他们关注相同的客体或行为,每一个都意识到另一个有相同的关注焦点;③他们有共同的心态或情感;④共同的关注焦点和共同的心态渐渐强化;⑤结果,参与者觉得他们是群体的一员,相互具有道德义务;⑥参与互动仪式的个体被赋予了情感能量,其强

---

① 董标."教之术"到"教育学"演变论[J].华南师范大学学报(社会科学版),2006(06):80 - 93.

度与互动强度成正比。① 由此可见,"互动"是维持个体情感能量并传递文化资本的最主要条件,纵使王国维能依靠超越时空的文本在远距离上与康德、叔本华等进行互动,但是,"仅仅有文字交流体系是不够的","没有面对面的仪式,写作和思想就不可能被注入情感能量"②。王国维之后,对于德国资源的关注之深,非蔡元培莫属了。无论是怎样的机缘巧合,使得二人得以窥探并援引德国的精神资源,但他们在对于德系资源的利用上却有所区别。与王国维这种"偏人文型知识分子"相比,蔡元培则属于"偏技术型知识分子"。③ 二人价值取向的不同导致了学术上的不同路径。相比较于王国维对于理想中纯粹学问的追求,蔡元培"虽然是翰林出身,但却激情澎湃,身与革命之诚,使得他的求学之路虽然持之以恒,但距离纯粹学者生涯则益远"④。"蔡元培流露出要广泛吸纳各国先进教育理论和制度以牵制和平衡日本影响的意愿与决心"⑤,在 1912 年《对于新教育之意见》之中,蔡元培又介绍了美国的实利主义思想。这些都为后来中国教育学突破日本的限制而转向欧美之趋势的出现起了一定的引领作用,并酝酿着下一个历史时期的到来。

第二,在柯林斯看来,提出新的思想固然可以使其在互动仪式的争夺中取胜,"但是思想不能够太新,不论它们多么有创造性……因为其主题距离人们的认可程度太低。成功的思想必须是最重要的,而重要性总是与学术共同体持续的交流联系在一起"⑥。换句话说,王国维教育学虽然高屋建瓴,但毕竟"高处不胜寒"。王国维的教育学在当时的中国既没有时人的附和与追随,也没有时人的反对和抨击,在王国维的这一条互动仪式链上,便没有

---

① 柯林斯.哲学的社会学:一种全球的学术变迁理论:上[M].吴琼,等译.北京:新华出版社,2004:8 - 9.

② 柯林斯.哲学的社会学:一种全球的学术变迁理论:上[M].吴琼,等译.北京:新华出版社,2004:14.

③ 徐隽.试论中国大学现代性构建中知识分子的面向及其隐喻:以 20 世纪 20 年代清华国学院及四大导师为例[J].社会科学论坛,2015(01):147 - 162.

④ 叶隽.王国维、蔡元培等人对德系资源的比较接受及其相关教育理想[J].教育学报,2013(03):118 - 127.

⑤ 叶志坚.中国近代教育学原理知识的演进:以文本为线索[M].杭州:浙江大学出版社,2012:110.

⑥ 柯林斯.哲学的社会学:一种全球的学术变迁理论:上[M].吴琼,等译.北京:新华出版社,2004:19.

连续的情感能量的注入,导致王国维自身最初高涨的情感能量也会随着时间而逐渐减弱。因此,王国维在担任清华大学国学院导师期间,其思想、学术的兴趣早已离开教育领域,并声称自己不再"言教育上之事"了。①教育学在中国发展的最初是分散存在的,虽然有思想上的对立和冲突,但是由于地域或组织等因素的限制,是"各自为战式"存在的。如果王国维的教育学受到外界持续的挑战,或者有一部分旨趣相投的追随者,那么其教育学知识或许会更加的"丰满"。王国维教育学随着"对手"和"追随者"的缺失而中断了。

第三,王国维教育学缺乏与当时社会情境的契合。"王教育学,作为哲学教育学、人道教育学或者人文教育学,与时代精神和学术主潮的局限性相互作用,与封闭在工场手工业背景上的哲学和教育学资源相互作用,这是它倏而中断的原因。"②1904年,以张之洞为首制定颁布的《奏定学堂章程》中规定大学经学科、文学科中不设置哲学课程,将西方哲学拒之于门外。对此王国维深感震惊,他在撰文严加驳斥的同时进一步致力于西方哲学、美学、心理学、伦理学的译介工作,又在综合这些学科成果的基础上导入西方教育学理论。③王国维这种逆潮流而行的魄力,是他身上的闪光点,也是导致其殒殁的重要原因。王国维与当世文化的隔膜,使其一直处于一种游离的状态。王国维孤独并诗意地栖居在自己的学术世界之中,心在尘世之外,身却被困于世俗的喧嚣。二者之间的冲突与煎熬,对于王国维来说无疑是一种强烈的折磨。也许,自沉昆明湖,是对自己追求的学术独立之精神最后的追求。王国维浪漫的美育思想,以及其造就"全人"的理想的教育宗旨,在中国当时急功近利的社会情境中,终究没能"浪漫"起来,无不让人唏嘘不已。

王国维独特的学术视角,在教育学研究上的独辟蹊径,都显示了他自身的独特。王国维在教育上的放弃,真可谓一大遗憾,但其遗留下的著述,足以供我们不断反思、进步。陈寅恪在给王国维的碑铭中写道:"先生之学说,

---

① 叶志坚.中国近代教育学原理知识的演进:以文本为线索[M].杭州:浙江大学出版社,2012:54.

② 董标."教之术"到"教育学"演变论[J].华南师范大学学报(社会科学版),2006(06):80-93.

③ 肖朗.王国维与西方教育学理论的导入[J].浙江大学学报(人文社会科学版),2000(06):41-49.

或有时而可商,惟此独立之精神,自由之精神,历千万祀,与天壤而同久,共三光而永光!"①王国维之后的教育学文本,便经历了一段较为冷静的"回旋期",没有对前期进行超越,反而有些回落现象,叶志坚认为这个阶段的成就主要在于"承上启下",对上一阶段冷静反思,对下一阶段酝酿条件。②

第二节 "集体行动"的杜威学派③

学人在他们的观点相互对立的时候更具有创造性,因为他们能从即将获得的胜利的期待中汲取创造的能量。对传统赫尔巴特学派教育学的批判被重复上演,我们亦可从中看到赫尔巴特学派的影响之强大。虽然它被批评得体无完肤,但若有人想在教育学的学术领域进行创造,不得不从它说起。实验教育学和杜威教育学说都是在对赫尔巴特的对抗中兴起的。实验教育学④在杜威到来之前被传入中国,虽然获得的关注不多,但是却为"杜威学派"的风行开辟了道路。此外,杜威学派作为实用主义的实验教育学,也是对于之前建立的以心理学实验室为基点的教育学的批判,在这双重反对

---

① 窦忠如.王国维传[M].天津:百花文艺出版社,2007:305.

② 叶志坚.中国近代教育学原理知识的演进:以文本为线索[M].杭州:浙江大学出版社,2012:119.

③ "杜威学派"这一概念,笔者沿用的是王颖在其著作《杜威教育学派与中国教育》一书中的用法,即认为,"杜威的学生和信徒在理解杜威的哲学、教育思想,以及进行实践的过程中,形成了中国杜威教育学派,他们以杜威的经验主义教育哲学为基础,并围绕杜威阐述的一些教育问题,根据自己所受教育背景以及国情,进行了研究实践,并在研究与实验中体现出了一些共同点"。具体参见王颖.杜威教育学派与中国教育[M].北京:北京理工大学出版社,2007.

④ 蔡元培在1919年江苏省教育会上的一次演讲中说道,实验主义的发达,是近来20年间的事情,并且分成了欧洲大陆派、英国派和美国派。美国派又分为两派,就是实际主义,为杜威博士那一班人所代表的,一派是"工具主义",这派把思想、真理等精神的产物看作应用的工具,和那用来写字的粉笔、用来喝茶的茶杯一样。以上各派虽则互有不同,然而有一点是共同的,那就是注重实验。参见胡适.实验主义:记胡适之先生在江苏省教育会演说辞[J].新教育,1919,4(20),载于张宝贵,编著.杜威与中国[M].石家庄:河北人民出版社,2001:177.因此,在本研究中,所谓"开路先锋"的实验教育学,则指最先传入中国的欧洲实验教育学,杜威学派的属于实用主义的实验教育学,后来以桑代克为主的教育学则属于工具主义的实验教育学。这三者对于中国的影响有着时间上的先后差异,而且也带来了不同的反响,详见本书的第四章的第二小节及第五章的第一节。

之下,激发了杜威教育学的活力。再加上杜威学派强大的"集体网络"支撑,与之前"单兵作战"的王国维相比,力量上的悬殊,似乎已经预示着结果的"成败",而学术领域之争的"成败",则决定着教育学界学术话语权的归属问题。

一、"开路先锋"的实验教育学

1860 年之后,赫尔巴特的思想开始成为教育界的主流,在德国、英国、北美以及日本等地,都风靡一时。日本在明治维新时期的教育学基本上都是受德国教育学影响的,而中国的教育学借道日本,也直接或间接地受着赫尔巴特教育学的影响。王锦弟当时也认为,"中国自从废科举、兴学堂以来,教育制度是参照各现代国家而制订的,我们虽然还没有见到明显的赫尔巴特学派的教育家在中国宣传赫尔巴特主义,但是至少可以说受着赫尔巴特的影响,也或者是因为间接的影响而不自知"[①]。自赫尔巴特起,就一直欲将教育学建造成一门科学,《普通教育学》的出现标志着教育学科学化的开始。赫尔巴特对于之前的教育学过于注重对经验的描述或过于依赖哲学进行了批评,他主张将教育学建立在实践哲学和心理学的基础上,前者关乎教育目的,后者指明达到教育目的的手段与途径。但是,由于当时心理学的不成熟,赫氏的教育学也只能算是一种哲学—思辨的产物。当 1879 年德国心理学家冯特在莱比锡大学建立世界上第一个心理实验室的时候,现代心理学才真正兴起。在现代心理学的基础上,基于对赫尔巴特理论的批判,教育学界开始出现新的关注点。实验教育学就首先作为赫尔巴特教育学的反对者站了出来,通过攻击传统的赫尔巴特教育学的观点开始进入学界的视线。

实验教育学对于赫尔巴特教育学说的挑战主要表现为两点。首先,在实验教育学看来,教育研究应"取材全由心理学而出",在研究方法上,"实验教育学之应用精确观测法"[②],而不是建立在赫尔巴特等人所主张的哲学—思辨基础之上。"天一"(朱元善)在他的文中就写道:"自来教育学不视为科学的,全不以实验为基础。故不经实验而定为成规,惟新教育学(即实验教育学)则均本质实验而为科学的研究,其材料无不以数量顾之,故实验教

---

① 王锦第.赫尔巴特学派与他的反对者[J].中德学志,1942,4(1).

② 天一.实验教育学[J].教育杂志,1912,4(4).

育学为归纳的,非演绎的,不屈服于古法,必因实验以追求之也。所谓实验教育学之术力量云者,不但依赖统计,从研究儿童之性质者,多得统计资料,然其结论未必如科学的有间确之根据。假如用质问法研究之,其不适当而难保公平者,究亦不少。故实验教育学之研究,常由儿童心理学研究之。"①其次,如果说赫尔巴特的教育学说以教师为主体的话,那么,实验教育学则是另一个极端的主张。"实验教育学之特色,则概皆解释学校儿童之见地,故以学校儿童为主体,实验教育学须先查察儿童身心发达之若何,然后徐图改良之法"②。天翼总结道,"实验教育者,谓教育家不宜墨守成规,当研究儿童之体制与性情,而作适当之教授也,自实验教育出,教育界生绝大之革命。此后关于教育之种种问题,将不复从施者方面解决,而必由受者方面解决,变团体的而为个体的,变主观的而为客观的,尽弃其理想之古法,而专从事于实验,以定方针,而教育二字,乃成一种有价值之学科矣。"③而且,天翼认为,若欲求改良教育的方法,则必须以实验儿童心理作为当务之急。

然而,笔者尝试以"实验教育学"为关键词,在"大成老旧"④检索平台上进行搜索时发现,能检索到的相关文献仅有四份(见表11)。其中,1912年《教育杂志》第4卷第4号中,"天一"(朱元善)就已经翻译了英国罗白氏的《实验教育学》,这可能是中国介绍实验教育学思想的最早的文献。除此之外,笔者在阅览一些相关文献的时候,还得知《教育杂志》从1912年第8期开始,开设了一个"实验"专栏。在1918年韩定生的《新体教育学讲义》中也提到过德国的实验教育学家拉伊等人。⑤ 蔡元培在他的一些演讲中,对于实验教育学也有所涉及,认为"盖教育学之所以不成为科学者,以其所根据者,为哲学家之理想,而不本诸实验也。前世纪季节,实验心理学既已成立,于

---

① 天一.实验教育学[J].教育杂志,1912,4(4).

② 天一.实验教育学[J].教育杂志,1912,4(4).

③ 天翼.德国苗孟氏实验教育学之大概(附图七)[J].进步,1914,5(2).

④ 大成公司致力于1949年前所有文献资料的搜集整理和数字化的工作,2010年推出《大成老旧刊全文数据库》,以收藏1949年前期刊为特点,收藏种类多、内容涵盖广、珍本孤本收集较全,使用简单便捷,目前已收藏数字化期刊7 000多种,14万多期,已经成为研究近代史学、文学、政治学、法学、社会学、经济学以及各个学科史等学术研究不可或缺的数据库工具。

⑤ 叶志坚.中国近代教育学原理知识的演进:以文本为线索[M].杭州:浙江大学出版社,2012:112

是由其中特别之部分,所谓儿童新伦理学,而演为实验教育学"①。

表 11　以"实验教育学"为关键词检索到的相关文献

时间	作者	题目、发表刊物
1912 年	天一	《实验教育学》,《教育杂志》第 4 卷第 4 期
1912 年	天民	《各国实验教育学之现状》,《教育杂志》第 4 卷第 10 期
1914 年	天翼	《德国苗孟氏实验教育学之大概》,《进步》第 5 卷第 2 期
1939 年	金树荣、黄觉民译	德国拉伊著《实验教育学》,《图书季刊》第 1 卷第 3 期

可是,据"天民"在其《各国实验教育学之现状》一文中,对于德意志、美利坚、瑞士、比利时、意大利、日本等国实验教育学现状进行介绍的时候,曾说过,"教育实验研究,各先进国皆在发达极盛之时。绝非如我国之教育家,尚在幼稚时代也"②。也就是说,当时的实验教育学在西方诸国已经相当成熟了,那么,按照常理推测,西方实验教育学愈成熟,应该愈有利于促进在中国的引进和推广,但是为何为什么在中国当时只有这么几篇零散的文章?③原因何在?④ 笔者百思不得其解。

通过反复阅读这几篇仅有的文献,笔者发现在 1914 年"天翼"对《德国苗孟氏实验教育学之大概》的介绍一文中,作者随之还附上了七副德国实验教育学实行的一些插图(笔者选取了其中三副,见图 1、2 所示),看着这些插图中的一些大型的仪器和设备,笔者不禁猜想,也许这就是寥寥无几的原因吧。一方面,大型仪器较弱的"移植性",以及当时中国心理学的不成熟直接导致了实验教育学在中国没有大肆风行的原因。另一方面,民国初年,教育部相继颁布了《审定教科图书暂行章程》《审查教科书规程》等制度,加强了

---

① 高平叔. 蔡元培教育论著选[M]. 北京:人民教育出版社,1991:41.

② 天民. 各国实验教育学之现状[J]. 教育杂志,1912,4(10).

③ 这也说明,在看待中国教育学发展的时候,即使中国近代教育学的发展是"舶来品",是模仿,甚至是抄袭的产物,我们也不能用西方教育学的模式来"套用"。否则,我们将距离"真相"越来越远,永远也无法理解中国教育学人一路的心路历程。

④ 今人很多对于实验教育学历史的讲述,很多先从对西方的实验教育学做一番描述,后又认为"西方的状态"就是"中国的状态",这种强行"套制"下的结果,便会使旁人产生误解,认为实验教育学在中国当时也相当发达。因此,对于中国教育学的研究,必须从中国的实际历史出发,从中国当时知识的存量出发,不能想当然。此外,笔者由于自身检索工具的限制,仅以大成老旧的检索结果为例,定不能代表全部,还望各位指正。

对于各种著作、报刊的检查力度,再加上出版市场日趋激烈(尤其是中华书局1912年成立后对于商务印书馆的冲击),以及出版商对于利益的精算,上下两种合力之下,从客观上导致了民初教育学文本数量的减少。

不过,当时国人已经意识到实验教育学的先进之处,并对传统墨守成规的教育学进行批判,认为"自实验教育出,教育界生绝大之革命。此后关于教育之种种问题,将不复从施者方面解决,而必由受者方面解决,变团体的而为个体的,变主观的而为客观的,尽弃其理想之古法,而专从事于实验,以定方针,而教育二字,乃成一种有价值之学科矣"[①]。教育学从关注教师到关注儿童的转变,也自此而崭露头角,这也为从哲学层面对此进一步阐发的杜威教育学在中国的"急遽风行"带来了机遇。

德国苗孟氏实验教育学之大概

實驗室中之測量疲乏表

蘇黎世實驗室測驗學生視覺之器

---

① 天翼. 德国苗孟氏实验教育学之大概[J]. 进步,1914,5(2).

二、杜威学派的迅速扩张

实验教育学在中国的引进开辟了新的学术领域，许多观点随之一拥而进，纷纷开始在中国抢占地盘。"心理学实验室式"的教育学由于其较弱的移植性，以及中国心理学的"稚嫩"，未能及时在中国落地生根。而实验教育学在美国的另外两个派系——实用主义和工具主义，则凭借对之前实验教育学的超越，先后在短时期内获取了成功进入中国的优先权。前者以杜威、孟禄为主，他们将教育的实验从心理学实验室搬到了学校，后者则以桑代克、贾德为主，他们又将心理学实验室的方法和结论简单、直接套用到教育中。

我们首先从"杜威学派"说起。"在五四以前，中国教育界以学德国教育学说为主"①。然而，随着五四前后一大批留美学生的回国，他们凭借其较大的阵容和实力占据了文化优势，便出现了所谓的"镀金派"（英美留学生）与"镀银派"（日本留学生）的区别。最后"镀金派"压倒了"镀银派"，成为思想文化界的骄子。② 他们所带来的新的思想资源也在教育学界引起了巨大转变。杜威实用主义哲学在中国的大获全胜就是这一转变的代表，而且这一转变是"以骤然、整体性的方式完成的"。正是知识分子之间的互动仪式赋予了这些特殊观念和文本的神圣地位。互动仪式将"符号和社会成员联系在一起，再把这两者和团结的情感以及社会群体的结构联系在一起"③。杜威学派凭借其强大的学术网络将杜威的哲学推到了高潮，使"杜威"一词一时间成了当时流行的时尚。

（一）"集大成"的杜威

所谓的"集大成"，一方面指杜威学说本身的综合与包容，另一方面则指杜威学说与中国当时社会情境的强大"契合力"。"中西合璧"下的杜威，愈发显得"能量无穷"。综合者必然地要献身于最高的真理，展现精神的恢宏

① 李兴韵.杜威、孟禄访华与中国高等教育界的派别纷争[J].北京大学教育评论,2007(04):118-125.

② 王汎森.中国近代思想与学术的系谱[M].长春:吉林出版集团责任有限公司,2010:196.

③ 柯林斯.哲学的社会学:一种全球的学术变迁理论:上[M].吴琼,等译.北京:新华出版社,2004:4.

气度,至少要包容学术共同体的广阔地带。①

在杜威学说产生之前,他的对手主要有两个。一个是风靡大半个世界的赫尔巴特学派,一个是杜威之前的美国心理学家。对于赫尔巴特学派强调教育要重视"兴趣"的观点,杜威认为,"如果学生们连穷学校也上不起,笼统的理论研究是没有意义的"。外部条件的变化也助了杜威一臂之力。在赫尔巴特所处的时代,儿童还完全生活在家庭环境中。从那时以后,随着生产及整个生活的社会化和教育的发展,以学校教育代替家庭教育成为不可逆转的趋势。② 美国社会的发展使得以赫尔巴特为代表的传统教育学说在新的社会局势下显得力不从心,而杜威的实用主义对于平民教育、职业教育、民主与教育的关注,则与现代大工业生产的现代社会十分契合。杜威学说的出现,终于打破了赫尔巴特教育学在美国定于一尊的局面。

另一方面,杜威之前的美国心理学家常常依赖心理实验室内的实验来认识和理解精神作用的基础,并以此解决现实中的教育问题,这造成美国教育对于心理学测验、测量等方法的使用和信奉达到几近狂热化的程度,而对于一些教育的基本问题,譬如教育目的、教育价值等基础内容却常常忽略,使得很多美国教育学教授成了技术家而不是哲学家。③ 杜威对科学的理解与众不同,他对教育持一种调和的观点,这使他建构的教育学体系具有强大的包容性。在科学基础上,实用主义的研究传统主张扩大教育学理论的科学基础,认为"不能仅仅通过用自然科学中的实验和测量的技术"来建立教育科学,那些借用了先进科学的技术并用数量的方式来表达的结果,并不代表其就具有科学价值。教育的过程应加强教育与生活之间的联系,以帮助儿童适应社会生活。同时,杜威一直在努力寻求建立一个教育实验室,这一举动使他在同行中独具一格。作为杜威密友和同事的哲学家乔治·米德(George Herbert Mead)曾说过,"因为杜威有了孩子,教育对他成为一个问

---

① 柯林斯.哲学的社会学:一种全球的学术变迁理论:上[M].吴琼,等译.北京:新华出版社,2004:164.

② 陈桂生.历史的"教育学现象"透视:近代教育学史探索[M].北京:人民教育出版社,1998:185.

③ 李福春.美国教育学演进史(1832—1957)[D].上海:华东师范大学,2011.

题。这问题不仅引起杜威对教育的重视,也引起他夫人的注意"①。杜威通过对自己孩子的观察,加深了他对于詹姆士(William James)所说的天赋的重要性的认识,而且使他感到有必要去检验和验证他的一些抽象的推理。他也逐渐认识到,当前一些小学教育的方法,是与儿童的心理发展不相适应的,这便激发了杜威创办实验学校的愿望。实验学校作为社会生活的一种形式,既是理论抽象的结晶,又能够通过控制而直接进行实验,这样的话,一种将教育、心理学与哲学相结合的教育理论便产生了。

1894年,杜威到芝加哥大学任职并创办了一所初等学校,即"实验学校"(The Laboratory School),一般称为"杜威学校"(Dewey School)。② 在长达8年的时间里,杜威将学校视为自己哲学思想的实验室,努力为儿童提供一个简化的社会生活,让儿童在学校中做实际活动,譬如学习烹饪、针线活等,然后在围绕这些活动的过程中进行写作、阅读、算术等学习,从而使儿童在做中学,逐步掌握社会活动的结构、内容和形态。杜威对哈珀校长说:"如果没有实验学校,那么教育理论工作就会成为笑话和欺诈——就像教授一门自然科学而忽略给学生和教授们提供实验室一样。"③

总之,杜威的理论就是对前人的那些不一致之处进行加工,从而形成一个新的分析框架。杜威本人的关注范围很广,包括哲学、心理学、教育学、伦理学等多个方面,它的哲学理论在对皮尔士(C. S. Perice)、詹姆士(W. James)等人的实用主义理论基础之上,又广泛吸收了黑格尔学说、进化论以及美国本土文化等丰厚的学术营养。杜威的理论几乎深入到教育问题的方方面面,不仅影响了杜威在哥伦比亚大学师范学院的同事和学生们,而且杜威也因此被人称为"实用主义神圣家族中的家长"④。

(二)追随者的网络结构

谈及20世纪上半叶中国教育学的发展,杜威是一个无法绕过的人。当

---

① 拉格曼.一门捉摸不定的科学:困扰不断的教育研究的历史[M].花海燕,等译.北京:教育科学出版社,2006:46.

② 杜威.杜威传[M].单中惠,译.合肥:安徽教育出版社,1987:32.

③ 拉格曼.一门捉摸不定的科学:困扰不断的教育研究的历史[M].花海燕,等译.北京:教育科学出版社,2006:48.

④ 周洪宇,向宗平.杜威教育思想在中国的传播及其影响[J].河北师范大学学报(教育科学版),2001(02):59-65.

时人们对于杜威学说的趋之若鹜,以至于"杜威"都成了教育学界"时尚"的代名词。杜威的实用主义与中国传统中深厚的实用理性主义一拍即合,使得杜威学说中"实用"的功用被再次放大,更易于受到国内各界人士的普遍接受。此外,一战期间西方列强忙于战事,对于中国的控制减弱,为民国经济的发展创造了机遇,实用主义教育所提倡的实业教育、职业教育等迎合了中国社会的需求。庚子赔款为知识分子去美留学提供了物质基础,将之前留学潮流的方向从日本转到了美国。其中,尤其以杜威所在的美国哥伦比亚大学的影响最大。"1909 年,哥大有 24 名中国留学生,1918 年增至 100 名,1920 年达 123 名。"①这一切都为杜威学说的风行铺平了道路,也从结构上决定了杜威教育学知识的方式、内容和影响。

"一个伟大的思想家应当是有个人的著名追随者网络"②,杜威也不例外。1919～1924 年,先后有五位国际著名学者应邀来华讲学:杜威、罗素、孟禄、杜里舒和泰戈尔,他们分别来自美、英、德、印四个国家。③ 其中,唯属杜威的名气最大,"杜威学派"的称呼就是对于杜威之"著名"程度最好的证明。"学派"概念的使用,不代表他们有着什么学术组织,而意味着个体成员之间有着相似的思维模式,"学派概念的一个更严格的用法是为了说明学派成员之间的学术影响。"④既然称其为"学派",那么按照柯林斯的分析,在"学派"或"圈子"中最为重要的两组关系则分别是垂直方向上的个人关系链(主要是师生关系),以及水平方向上同代人之间的相互联系,这两种联系构成了一个人名气的重要方面。而且,从科学学的观点来审视,我们会发现他(她)们中间存在着一个个的"人才链",正是通过这种"人才链",使知识得以积累、学派得以形成、创新得以延续。⑤

---

① 周洪宇,向宗平.杜威教育思想在中国的传播及其影响[J].河北师范大学学报(教育科学版),2001(02):59-65.

② 柯林斯.哲学的社会学:一种全球的学术变迁理论上:[M].吴琼,等译.北京:新华出版社,2004:76.

③ 郑师渠.五四前后外国名哲来华讲学与中国思想界的变动[J].近代史研究,2012(02):4-27.

④ 柯林斯.哲学的社会学:一种全球的学术变迁理论:上[M].吴琼,等译.北京:新华出版社,2004:68.

⑤ 王荣德.诺贝尔科学奖中的"人才链"及其启示[J].科学学研究,2000(02):70-76.

　　在互动仪式链的水平方向上,继杜威来华之后,又有一批美国实用主义学者先后来华,如孟禄(1921 年)、推士(1922 年)、麦柯尔(1923 年)、克伯屈(1927 年)等。这些人都是在世界现代教育史上声名显赫、极有影响的专家教授,他们的到来,使实用主义教育思潮的传播得到连续不断地推动,其影响更加扩大。① 1927 年,中华教育改进社邀请克伯屈来华考察,《教育杂志》的 19 卷第 6、7 号上连载了《克伯屈在京讲演录》。克伯屈作为美国进步主义教育协会的一员,是杜威的信徒,再次宣传了杜威教育即生活的主张,而且他的"设计教学法"得到了一定的推广。克伯屈和麦柯尔推动了实用主义教育哲学在实践层面的传播,坎德尔和康茨推动了美国教育理论在观点层面的传播。② 在这几位哥伦比亚大学的同行们的努力之下,杜威的实用主义教育学说得到不断深化,并带动了当时中国的教育实践。

　　从纵向的互动仪式链上来看,在国外,杜威的弟子密勒、波特、克伯屈也在此期间来华,他们在纵向的师承方面延续并传播杜威的学说。在中国,当时叱咤中国教育界的风云人物,如胡适、郭秉文、蒋梦麟、陶行知、陈鹤琴、郑晓沧、李建勋、张伯苓等人均直接或间接从师于杜威。这些人作为杜威的学生,在归国后都各自担任着重要的职务,甚至一大部分哥伦比亚大学的归国留学生都受到了教育学界的重视,很多都担任了各个大学的校长职务(见表 12)。这批留学生都受着现代西方教育的陶冶,视野开阔,且都有着一定的雄心壮志,力图改变中国的现状。他们广泛地分布在中国各级各类的高校、社团组织、出版行业之中,成为支撑杜威教育学知识传播的中坚力量。

表 12　部分哥伦比亚大学归国学子担任中国高校校长、副校长一览表③

人名	任职学校	职务
蒋梦麟	国立北京大学	代理校长、校长
胡适	国立北京大学、中国公学	校长
郭秉文	国立东南大学	校长

　　① 元青.杜威的中国之行及其影响[J].近代史研究,2001(02):130 – 169.
　　② 沈岚霞.20 世纪上半叶美国对华教育传播研究:以哥伦比亚大学师范学院为例[D].上海:华东师范大学,2010.
　　③ 陈竞蓉.哥伦比亚大学归国留学生与中国现代高等教育[J].黑龙江高教研究,2013(02):18 – 21.

续表

人名	任职学校	职务
张伯苓	南开大学	校长
任鸿隽	国立东南大学、国立四川大学	副校长、校长
陈裕光	金陵大学	校长
欧元怀	大夏大学	校长
黄如今	国立长春大学	校长
俞庆棠	江苏省立民众教育学院	院长
潘序伦	立信会计专科学科	校长
罗家伦	清华大学、国立中央大学	校长、校长
邓萃英	北京高等师范学校、厦门大学、河南大学	校长、校长、校长
李建勋	北京高等师范学校	校长
李蒸	北京师范大学	校长
陆志韦	燕京大学	校长
马寅初	北京大学	校长
季万选	清华大学	校长
查良钊	河南大学	校长
杨振声	山东大学	校长
杨荫榆	北京女子师范大学	校长
陈鹤琴	南京师范学院	院长
邰爽秋	中国民生建设实验院	校长
刘湛恩	沪江大学	校长
钟荣光	岭南大学	校长
周学章	河北大学	代理校长
姜琦	湖北省立教育学院、暨南大学	院长、校长
朱经农	齐鲁大学	校长
余上沅	国立戏剧专科学校	校长
杨亮功	安徽大学	校长
孙科	上海交通大学	校长
凌鸿勋	南洋大学	校长
程其保	上海商科大学	代理校长
吴蕴瑞	上海体育学院	院长
罗廷光	湖北教育学院	院长

柯林斯研究发现,越是有名气的人,与其他有名的人之间的联系就越紧密,所谓"名气孕育名气,越是拥挤越好"①。杜威学派中的人员都有着一定的学缘、业缘等关系,他们发展并壮大了杜威的学说,并成为最成功的追随者谱系。而且,这些追随者又会反过来创造名气。可见,这条强大的"仪式互动链"是"杜威学派"在中国迅速崛起的重要支撑力量。

同时,杜威教育学说的伟大,不仅在于它能够准确地定位所从事工作的知识疆域,能解决该领域的一些难题,更重要的是它也创造了难题。如果杜威的教育理论被证明是全部有效的,那么教育学界的问题便可迎刃而解,后人也便无事可做的了。其实这也就是柯林斯所说的,"伟大的学术工作当能为后来者的耕耘创造巨大的空间"②。这就意味着,理论的伟大也意味着理论的不完善,而理论的不完善正是其号召力的源泉。作为杜威学派的后来者,这些学生们直接或间接受过杜威的影响,但这并不是故事的全部,因为更年轻一代的著名人物出名不是靠重复其已接受的文化资本,而是通过从新的方向重新阐述它。③ 杜威的中国学生们正是在通过对杜威学说的理解和改造基础之上推陈出新,各自开创出一片学术领域。"如果说胡适主要是在理论的基础上接受杜威的实用主义教育思想,陶行知则是在实验和实践的基础上接受并超越杜威思想"④,胡适将杜威的科学方法论运用到大学教育和学术中,陶行知则将其运用到为人民大众服务的平民教育和乡村教育之中。黄书光也认为,蒋梦麟和胡适侧重于实用主义教育思想的中国化应用与探索,陶行知与陈鹤琴则结合本土实际和自己长期教育实践的经验对杜威教育思想进行相应的理论改造,从而在很大程度上超越了杜威,并创造出具有中华民族特色的新教育理论。⑤ 上述这些则都反映了新一代的著名

① 柯林斯. 哲学的社会学:一种全球的学术变迁理论:上[M]. 吴琼,等译. 北京:新华出版社,2004:74.

② 柯林斯. 哲学的社会学:一种全球的学术变迁理论:上[M]. 吴琼,等译. 北京:新华出版社,2004:22.

③ 柯林斯. 哲学的社会学:一种全球的学术变迁理论:上[M]. 吴琼,等译. 北京:新华出版社,2004:79.

④ 崔玉婷. 胡适、陶行知接受杜威实用主义教育思想的方法论比较[J]. 宁波大学学报(教育科学版),2005(06):46-49.

⑤ 黄书光. 实用主义教育思想在中国的传播与再创造[J]. 高等师范教育研究,2000(05):1-11.

人物获取名声的方式,绝不是仅靠对前人的移植与复制,而是有着一定的学术自觉与反思。

最成功的知识分子总是和整个时代连接在一起,横纵链条上情感能量的汇聚以及思想观念的集中,致使"杜威"便成为一种"神圣客体",也成为这条互动仪式链当之无愧的创始人。总之,杜威学派凭借自身成功的互动仪式链条,在中国掀起了一阵实用主义教育理论的热潮,杜威被称为实验主义的领袖,以及"教师的教师"(The teacher of teachers)。[①]

三、外部支持的推波助澜

虽然宏观的社会学的分析在柯林斯看来属于是一种"简约主义",但柯林斯也承认,外在的组织基础"保卫"着微观的核心力量,譬如大学、出版商、教会、帝王资助者,以及物质资源的其他提供者等,"他们的组织机构影响着学术领域的基本形态,尤其性命攸关的是危机时刻出现的从业渠道的重组,以及引发的关注空间的重组,这种重组是最伟大的创造时代的基础。最后,还有最大的结构即培育这些组织的政治和经济力量"[②]这些外部的宏观因果关系虽然不能直接决定思想的创造,也不会为维系学术职业的组织的稳定或变化提供直接的推动力,但会在它们内部的网络中留下自己的烙印。可见,学术生产手段的组织扩张为学术网络的创造性积累了条件,杜威学派运用各种不同的文化资本,吸引了各种职业兴趣和知识兴趣不同的人汇聚在一起,在这一阶段,出版界、社团组织等社会各界都做出了巨大的贡献,杜威学派的成果来自于这些的综合,其学术生产的物质基础正处于鼎盛时期。在默顿(R. K. Robert King Merton)看来,这也算是一种个体优势转化为社会优势后在学术界所形成的一种马太效应,也可称作是一种累积优势(comulative advantage),从而导致一种强者越强的现象。[③]

---

① 胡适.杜威哲学的根本观念[J].新教育,1919,1(3),载于张宝贵编.实用主义之我见:杜威在中国[M].南昌:江西高校出版社,2009:161.

② 柯林斯.哲学的社会学:一种全球的学术变迁理论:上[M].吴琼,等译.北京:新华出版社,2004:48.

③ 阎光才.精神的放收与规训:学术活动的制度化与学术人的生态[M].北京:教育科学出版社,2011:68.

（一）出版界的贡献

现代出版业的发展与大学的发展关系密切。现代工商业的出现和繁荣，不仅改变了传统的经济结构，也改变了人们的价值取向。以利益、利润为取向的市场逻辑冲击着社会的各个领域，人们也开始用经济的话语和逻辑介入教育。出版业的发展使图书数量急剧增加，为大学教学活动的开展、学术研究的进步、学术交流的便捷，乃至图书馆藏的极大丰富提供了可能。同时，大学的发展及其在学术成果转化中不可替代的作用，又为出版业的兴盛开辟出一片广阔的天地。学者因出版而扬名，出版部门因学术而得利，知识生产与出版间不是彼此隔绝的共存，而是相互渗透、共生，融合成了一个新的利益共同体，也构成了现代学术体制的重要组成部分。[①] 学术界为出版部门源源不断地提供了研究成果，出版部门也为现代学人研究成果的发表和学术影响的扩散提供了广阔的舞台，达到了"双赢"的效果。

杜威在中国停留 26 个月，足迹遍布 11 个省市，演讲 200 多次。很多报纸连载杜威的演讲，各种杜威演讲录也迅速上市。大量"教育哲学"文本的出现就是对这一阶段最好的证明。这些文本或以"教育哲学"冠名，或是公认的教育哲学著述，它们销行很广，影响很大。[②] 就影响力而论，则属杜威学派的文本，明显销行量更广，更受欢迎，影响亦更大。杜威本人的教育学文本，常常是先见诸报端，继又结集出版，而且印数动辄 10 万册以上。北京晨报社所出的《杜威五大演讲》，一年之内即印售了 10 万册，继又多次重印，影响之巨可见一斑。[③] 杜威的夫人和女儿的一些演讲和著作也纷纷受到关注。1921 年《妇女杂志》就对杜威女儿作了这样的介绍："杜威爱维林女士（Miss Eevlyn Dewey），是美国大教育家约翰杜威博士的长女公子。她本着她父亲的学说，观察实际，并施行于实际，真可算得是她父亲学说的宣传者。那观察和批评实际的教育，就是她和她父亲合著的一部明日的学校，而实施她那

---

① 周谷平，张雁，孙秀玲，等. 中国近代大学的现代转型：移植、调适与发展[M]. 杭州：浙江大学出版社，2012：150.

② 叶志坚. 中国近代教育学原理知识的演进：以文本为线索[M]. 杭州：浙江大学出版社，2012：123

③ 叶志坚. 中国近代教育学原理知识的演进：以文本为线索[M]. 杭州：浙江大学出版社，2012：172

实验主义教育的原理的,就是她自己所著的一部旧校更新记。"①1919 年上海《时事新报》副刊《学灯》开始连载杜威演讲,20 多种演讲一直连载到 1920 年 6 月。各种杜威演讲录也纷纷面世,上海新学社 1919 年 10 月率先推出《杜威在华演讲集》,收入杜威在沪、杭、宁、京四地讲演 12 篇,杜威夫人讲演 2 篇。影响最大的演讲集译本,要推北京晨报社 1920 年 8 月出版的《杜威五大演讲》,后作为"晨报社丛书"重版,每次印数高达 10 000 册,至 1926 年还有重印本。② 杜威的很多演讲稿都被多家报刊转载,再加上他那些有着一定社会声望的弟子们的热情鼓吹,造成的社会影响不可小觑,也就愈加强化了杜威及其教育学在国人心目中的地位。

杜威的许多著作,也被国人陆续介绍进来,很多书籍不仅有多个译本,而且还被重版了很多次。譬如,杜威的《我们怎样思维》一书就有 3 个版本,分别是 1925 年刘伯明所翻译的《思维术》、1935 年邱瑾璋译成的《思维方法论》和 1936 年孟宪承等人翻译的《思维与教学》。杜威的《民主主义与教育》也有两个译本,一个为常道直 1923 年 9 月出版的《平民主义与教育》,另一个为邹韬奋 1928 年 3 月出版的《民主主义与教育》。同时,杜威实验主义教育学的引进,也引发了国人译、编、著教育学的高潮。当时的学人纷纷表示对杜威学说的接受,并通过这种方式显示自己站在"前沿",以此来增加自身的声望。杜威实验主义教育学的核心观念,普遍地渗透在当时国人所编著的各种教育学文本之中。1922 年王炽昌编的《教育学》,在其开篇就讲道,"教育之意义,自来有预备、启发、陶冶诸说,而以近时之生长说较为完善。依生长说而论,则教育一义定为经验之继续改造",并直言其内容"大部分取材于杜威、桑代克、密勒三氏之学说"。又如孟宪承 1933 年编的《教育概论》,就先从儿童于社会适应两方面展开,肯定杜威"教育即生长"的观点。吴俊升、王西征在 1935 年编著的《教育概论》中前三章标题分别是儿童的发展、学习的功能、社会的适应,很明显也是深受杜威学说的影响。③ 甚至可以毫不夸张地说,"杜威实验主义教育学的思想几乎占领了当年高校的教育学

---

① 倪文宙.杜威女士之新教育论[J].妇女杂志,1921,7(12).

② 邹振环.译林旧踪[M].南昌:江西教育出版社,2000:148 – 149.

③ 郑金洲,瞿葆奎.中国教育学百年[M].北京:教育科学出版社,2002:21.

讲坛"①。

从下面的图表中我们可以还看到(见表13),作为当时中国最大的出版社之一的上海商务印书馆是出版杜威著作的"大东家",这又给杜威学说的影响力加上了厚重的筹码。同时,商务印书馆所创办的十大杂志之一的《教育杂志》,在对杜威学说的宣传中也可谓是不遗余力。受新文化运动追求民主、科学的影响,《教育杂志》在20世纪20年代初对于译介的翻译上,就体现出"对儿童本位观的推崇"。《教育杂志》在第14卷(1922年)9期专门刊发了《现代教育思潮号》,登载了12篇介绍文章,旗帜鲜明地反对主智主义,反对教师本位,主张尊重学生的自由和个性张扬,使他们在自主活动和自我体验中获得发展。② 在研究方法上,《教育杂志》的1918年第1期中,天民在《研究各科教授之先决问题》中提出的第三条就是"当深究教授各教材之方法"。随后便附上了各科教授方法革新的专栏,其中包括《修身教授革新之研究》《国文教授革新之研究》《算术教授革新之研究》《历史教授革新之研究》《地理教授革新之研究》《理科教授革新之研究》《图画教授革新之研究》等。在之后的各期中,也都有对于教育方法的介绍,譬如1918年第3期中的《学校儿童检查法》、1918年第5期《关于学习训练之研究》、1920年12期《施于小学儿童的团体检查法》,等等。

表13　杜威著作入华年表③

时间	译　者	书　目
1921 年	袁尚仁	《教育中的道德原理》,上海中华书局
1923 年	张裕卿、杨伟文	《教育上的兴味与努力》,上海商务印书馆
1923 年	朱经农、潘梓年	《明日之学校》,上海商务印书馆
1925 年	刘伯明	《思维术》,上海中华书局
1929 年	邹恩润	《民主主义与教育》,上海商务印书馆
1930 年	张铭鼎	《教育中的道德原理》,上海商务印书馆
1931 年	郑宗海	《儿童与教材》,上海中华书局
1932 年	余家菊	《道德学》,上海中华书局

---

① 郑金洲,瞿葆奎.中国教育学百年[M].北京:教育科学出版社,2002:21.
② 周谷平,朱有刚.《教育杂志》与近代西方教育的传播[J].教育评论,2002(03):57-60.
③ 王颖.杜威教育学派与中国教育[M].北京:北京理工大学出版社,2007:244-248.

续表

时间	译　者	书　目
1932 年	张岱年、傅继良	《教育科学的资源》,上海商务印书馆
1933 年	许崇清	《哲学的改造》,上海商务印书馆
1934 年	胡适	《哲学的改造》,上海商务印书馆
1935 年	邱瑾璋	《教育科学的资源》,上海商务印书馆
1935 年	刘衡如	《学校与社会》,上海中华书局
1935 年	邱瑾璋	《思维方法论》,上海世界书局
1936 年	孟宪承等	《思维与教学》,上海商务
1940 年	增昭森	《经验与教育》,长沙商务印书馆
1942 年	李培囿	《经验与教育》,正中书局

(二)社会各界的力量

从西方来的知识,很容易得到知识界的认可和信服,这与当时整个争趋新潮的社会文化氛围有关,而杜威学派力量之所以能在短期内迅速扩张,从时人对杜威学说的态度就可窥见一斑。在一次杜威演讲的记录中,作者对于杜威做了这样的介绍,"杜威博士,现为世界之哲学大家,抱其兼爱兼善之热忱,解放改造之主义,来游吾华。足迹所到,必舒广长舌,吼狮子音,现无量相。效生公之说法,远来吾国社会上之潮流,日新月异,虽半由时势之要求,半由于人民之觉悟,然而博士指导之功,不可没也"①。对于杜威演讲的盛况,时人如此描述,"此次杜威博士徇江浙两省教育会及北京大学之请,来华讲演,国内教育家莫不引领而望,冀得一闻博士伟伦。五月三四两日,博士在上海江苏省演说,听者之中,几于无席可容。两日演说之辞,已见中西各报,远方人士,有不及亲聆博士言论者,但读五月四五两日各日报,自能窥见博士来华后只言论"②。其实,类似这样的言论在当时的报刊著作中可谓汗牛充栋,这里展示的只是冰山一角罢了。在杜威离开中国的时候,胡适说道,"杜威先生今天离开北京,启程归国了。杜威先生于民国八年五月一日——"五四"的前三天——到上海,在中国共住了两年零两月。中国的地

---

① 马宗霍.记杜威博士之讲演[J].民心周报,1920,1(27).

② 周由廑.约翰杜威博士教育事业记[M]//张宝贵.实用主义之我见:杜威在中国.南昌:江西高校出版社,2009:11.

方他到过并且讲演过的,有奉天、直隶、山西、山东、江苏、江西、湖北、湖南、浙江、福建、广东十一省。他在北京的五中长期讲演录已经过第十版了,其余各种小讲演录——如山西的、南京的,北京学术讲演会的,——几乎数也数不清楚了,我们可以说,自从中国与西洋文化接触以来,没有一个外国学者在中国思想界的影响有杜威先生这样大的。"①在此之前胡适还将杜威与中国的孔子相媲美。种种事迹,皆流露出杜威学说在当时影响力之广泛。

　　杜威实用主义教育学说的影响,还掀起了我国教育实验运动的一次高潮。1920 年,廖世承、陈鹤琴合作翻译的《比奈—西蒙智力测验说明书》以及《比奈—西蒙智力测验法》开创了中国心理测验之先河。1922 年在中华教育改进社的邀请下美国专家麦柯尔(W. A. McCall)的来华,又将兴起的这股测量风推向了高潮。在陶行知等人的倡导下,成立了编制测量委员会,经过该委员会与东南大学、北京各大学的齐力协作之下,一年之内编制教育量表约 30 种,并在全国各地进行实行。② 另外,各种乡村教育的浪潮也此起彼伏,有陈鹤琴的幼稚园实验、陶行知的晓庄学院、晏阳初在河北开展的乡村改造实验、晏阳初在山东菏泽的乡村建设教育实验、黄炎培的职业教育等等。据《第二次中国教育年鉴》的统计,到 1935 年,在全国各地建立起来的各级乡村教育、乡村改造和乡村建设的实验区多达 193 处。除此之外,还有一股来自教育学界之外的力量的支撑,他们都是一些热心教育事业的人。譬如,山西军阀阎锡山,工商界的张謇、穆藕初、荣德生、卢作孚、宋汉章等有识之士也都投资教育,遣送留学生,发行教育债券,为教育的发展提供有力的保障,③间接为杜威教育理论的宣传和推广做出了贡献。胡适在演讲中也指出,那时候,杜威的学生们在北京、南京、苏州和上海这些地方,创办了几个实验学校,其中有的就叫作杜威学校,像南京高等师范所附设的那所实验学校就是的。杜威对这些新办的实验学校,很感兴趣。④

　　然而,叶志坚认为,虽然这些"由中国独特的教育问题而生发出来的民

　　① 胡适.杜威先生与中国[M]//张宝贵.实用主义之我见:杜威在中国[M].南昌:江西高校出版社,2009:19.

　　② 李三福.试论杜威实用主义教育思想与中国教育学科化[J].云南师范大学学报(教育科学版),2001(04):13 - 17.

　　③ 汪楚雄.中国新教育运动研究(1912—1930)[D].上海:华中师范大学,2009.

　　④ 周谷平.我国近代教育实验运动的回顾与反思[J].教育研究与实验,1994(03):64-64.

众教育运动、乡村教育运动等等,都是颇具独创性的教育实践形式,然而,这些轰轰烈烈的、不乏创造性的教育实践活动活动,在近代教育学原理的文本中没有得到多少反映,更谈不上由此'生长'出教育学文本来"。笔者对这个结论深表赞同。余家菊在自己编著的《乡村教育通论》中写道:"因取中英文研究乡村之著作而遍览之后,优良作品颇不在少。然求能依学术的见地为系统的整个搜讨者,既不多见,而能依据事实的需要为全盘的筹划者,亦未之前闻。暑假无事,乃就平日讲稿缮为兹书,名曰《乡村教育通论》。"①纵然如此,余家菊此书中的一些参考资料来源也多依赖于古楳的《乡村教育新论》,且其书中的内容也主要是乡村教育研究概观,乡村教育之社会背景、目的、受教育者、行政、初等教育,高级教育,师范教育,民众教育,乡村教育经验谈等这样的简要陈述、罗列方式。而古楳的《乡村教育新论》的内容也多是在中大教育学系讲授乡村教育时候所积累的稿件,他本人对本书的评价和期望也比较低,"所幸此书非为供学者之研究而作,不过聊当'粗茶淡饭',贡献于全国三万万四千万以上之乡村人民,'裹腹充饥'而已。故极其浅薄,亦不为歉;只求对于全国之乡村人民稍能解其饥渴,取个人之愿偿矣!"②再细看书中的内容,也不外乎是乡村教育运动概略、来源、设施、现状、目的、行政、校舍、设备、经费、编制、课程、教师等一些较为具体、琐碎的信息,涉及乡村教育的方方面面,多是一些实践经验的表述,未能上升为系统的理论知识。对此,不能不深表遗憾! 这可能也与美国教育学过于注重方法而忽视理论的体系化有关,诚如我国著名教育家、哲学家范寿康所分析的那样:"美人论学,往往轻系统,重实例,其弊流于肤浅庞杂,虽以杜威之贤,不能免是。"③

可见,杜威学派所带来的美国教育学说,"并没有一劳永逸地解决教育上那些千古不解之题",他们所提倡的"儿童中心""做中学""加强社会与学校的联系"等等,只是"从一个极端走向了另一个极端,对 20 世纪 20 年代以

---

① 余家菊.乡村教育通论[M],上海:中华书局,民国二十年.
② 古楳.乡村教育新论[M],上海:民智书局,民国二十一年四月三版.
③ 黄济.再谈中国教育哲学[J].教育研究与实验,2002(04):16-22.

后的中国教育产生了一定的负面影响"①。拉格曼(Ellen Condlife Lageman)也认为,虽然杜威被大家公认为是进步教育(Progressive education)之父,他的很多观点也对很多人造成了影响,但是"在那些宣称受到杜威激励和鼓舞的人中真正的信徒却寥寥无几",甚至"可以肯定地说,他的教育科学观点没有为今后的教育研究建立一套可用的模式"②。总之,杜威学派创造的教育学界知识生产的空前盛况,在给人们带来许多新的创新空间的同时,也留下了很多问题供后人继续探索。

第三节　"短暂"的国家主义教育学

在历史上,中国一直是一个大一统的国家。虽然在中国古代的传统中没有"国家"概念,但却有与之类似的"天下"概念。费孝通认为,中华民族作为一个自觉的民族实体,是在近百年来中国和西方列强的对抗中出现的,但作为一个自在的民族实体,则是在几千年的历史过程中形成的。③ 左玉河也认为,近代中国以变乱频仍著称,似乎没有什么思想观念可以一以贯之。各种思想呈现出"你方唱罢我登场"的流动局面,可谓名副其实的"思潮——潮过即落。但若自此剖析各类思潮,仍能看出其背后有一条潜流,虽不十分明显,却不绝如缕,贯穿其间。这条潜流便是民族主义"④。

国家主义教育学的出现就是民族主义情感在某一阶段之于教育上的特殊表现。在教育学的发展中,"百余年来对中国不同时期教育政策和实践影响最大最深的教育理想莫过于'国家主义'(nationalism)。可以说,它构成了20世纪中国社会形形色色教育理想的主轴或基调,在整个现代教育制度建立、发展、变革、革命或创新的过程中或强或弱,或明或暗,推陈出新,绵延

---

① 周洪宇,向宗平.杜威教育思想在中国的传播及其影响[J].河北师范大学学报(教育科学版),2001(02):59-65.

② 拉格曼.一门捉摸不定的科学:困扰不断的教育研究的历史[M].花海燕,等译.北京:教育科学出版社,2006:42.

③ 费孝通.中华民族多元一体格局[M].北京:中央民族大学出版社,1999:1.

④ 罗志田.权势转移:近代中国的思想与社会[M].北京:北京师范大学出版社,2014:223.

不绝。"①虽然国家主义教育学盛行的时间较为短暂,也多因其偏于情绪化的表达方式而在教育学知识上建树不多,但是,国家主义对于整个教育学知识生产发展过程中的意义和影响却不容小觑。我们将在历史的下一个阶段看到其能量的再次巨大爆发。

一、民族情感的爆发

石中英在《教育学的文化性格》一文中明确指出:"教育学活动是有民族文化局限的,民族文化的时空就是教育学活动的时空,民族文化的可能就是教育学活动的可能,民族文化的路向就是教育学活动的路向,民族文化的交流和碰撞也意味着不同教育学传统的交流和碰撞。"②

鸦片战争之后,中国便进入了社会动荡时代,如何富国强国,如何能够力挽于狂澜,成为许多仁人志士的价值追求。尤其是辛亥革命爆发,摧毁了中国延续了数千年的封建专制,"五四运动"中的新文化思想更是在精神层面洗刷着旧思想的浊水,国人的民族危机感、爱国意识空前高涨。1925年的五卅爱国反帝运动,情感能量的积聚瞬间激发了中国人心中潜藏已久的民族主义情结。民族主义的抬头在教育思想领域的表现最先是国家主义教育思潮的兴起。国家主义教育派的出现以及国家主义思潮的流行,打破了之前美国教育学的垄断地位,这种教育思想针对之前以西方为主的思想,提倡保存和发扬民族文化,培养民族意识。"西方"在中国人心目中的地位迅速下降,"原先支持、宣传杜威实用主义教育思想的全国教育会联合会及中华教育改进社等团体,开始改变方向"③,杜威学派失去了组织基础,杜威等人的影响也持续走低。这一切都表明,在那个时代,大多的知识分子都有着强烈的爱国救亡的愿望,余家菊等人国家主义的号召,点燃了很多人心中的民族感情。

民族主义是一个轴心,它其实与它之前的每一个链条都有联系,但一般都是潜隐的发生联系,而不是通过柯林斯所谓的争论或冲突发生联系。因

① 石中英. 20 世纪教育中的国家主义:回顾与讨论[J]. 教育学报,2011(06):3-13.
② 石中英. 论教育学的文化性格[J]. 教育研究,2002(03):19-23.
③ 周洪宇,向宗平. 杜威教育思想在中国的传播及其影响[J]. 河北师范大学学报(教育科学版),2001(02):59-65.

为民族主义所引发的情感能量蕴藏在时代的每一个知识分子心中。一部分爱国的教育家，内感于国势愈趋愈下，外感于世界列强立国政策之未变战前态度，于是毅然提出"国家主义的教育"，以期引起全国教育界人士之努力共同集中于延续将渐的国民之运动，而唤醒大同主义者之迷梦。国家主义教育的目的便是要振作独立自尊之精神，将全国国民造成一个苦乐与共、息息相通之有机体，以国家统一与独立为全国国民共同趋赴之目的。① 李璜等人主张国家主义教育的原因，即对外为抵抗文化的侵略政策，对内为唤起全中国国民的团结与活动，以共同担负今日之大患，而筹谋来日的大业。吴俊升则认为，任何一种主义的来源，绝非是思想家冥想的结果，而是各种因素的产物，国家主义也不例外，它有着自身政治方面和哲学方面产生的原因。一方面，国家教育作为国家制造工具的工具，其目的就不在于造就各个能思想的国民，因此所谓的国家主义教育对于个性的抹杀，则来源于哲学的思想。另一方面，国家主义的教育政策的实施，则必然带来两方面的结果，一为国家管理教育，二为课程方面要注重爱国主义。②

可见，这种民族主义情感是能使得各种矛盾的理念之间形成内在统一性的基本因素，无论是"学日"还是"仿美"，无论是"中体西用"还是"全盘西化"，在这些文字背后其实都渗透着一股浓浓的民族主义情感。国家主义教育思想是民族主义的一种极端表现，国家主义所主张的那些观点在当时外部列强侵略、国内军阀割据、民族矛盾严重的情况下，对于当时涣散的教育学界，有着一种精神上的统领的作用。它能够将各种不同的关注点都在"爱国"这一点上凝聚，借助教育来达到国家的统一和强盛。

二、"自成一派"的凸显

从检索的文献中（见表 14）我们可以看到，1923～1925 年是国家主义教育学发展的高潮期，而在 1927 年之后则表现出了一定的"落潮"现象。这主要是由于 1927 年随着北伐的胜利，在政治上受国共两党的前后夹击，国家主义教育思潮在 1927 年以后便已基本归于沉寂。

---

① 常导之.从什么地方看出国家主义的教育之需要[J].少年中国,1924,4(10).
② 吴俊升.国家主义的教育之进展及其评论[J].少年中国,1924,4(10).

表 14　在大成老旧上以"国家主义教育"为关键词检索到的文献

1923 年	常导之	教育上所需要的国家主义,教育杂志,1923 第 15 卷第 9 期
1923 年	常导之	从什麼地方看出国家主义的教育之需要, 教育杂志,1923 第 15 卷第 12 期
1923 年	李璜	再谈国家主义的教育,中华教育界,1923 第 13 卷第 9 期
1924 年	吴俊升	国家主义的教育之进展及其评论,少年中国,1924 年第 4 卷第 10 期
1924 年	萧楚女	讨论"国家主义的教育"的一封信,少年中国,1924 年第 4 卷第 12 期
1924 年	恽代英	读"国家主义的教育",少年中国,1924 年第 4 卷第 9 期
1924 年	陈启天	新国家主义与国民教育的改造,中华教育界,1924 年第 14 卷第 3 期
1924 年	舒新城	教育上的国家主义问题,民铎杂志,1924 年第 5 卷第 1 期
1925 年	孟禄	国家主义与教育,晨报副刊,1925 年第 1204 期
1925 年	卫士生	国家主义的教育与中国,京报副刊,1925 年第 135 – 165 期
1925 年	马复	我们需要国家主义的教育,晨报副刊,1925 年第 1219 期
1925 年	余家菊	国家主义教育学,中华书局,1925 年
1925 年	常道直	国家主义与德国教育之进展(上),教育杂志,1925 第 17 卷第 11 期 国家主义与德国教育之进展(下),教育杂志,1925 第 17 卷第 12 期
1925 年	彭家煌	论国家主义的教育,教育杂志,1925 年第 17 卷第 8 期
1925 年	孤愤	评国家主义的教育与民治主义的教育,孤军,1925 年第 2 卷第 10 期
1926 年	许兴凯	对马克思派谈国家主义的教育,北京师大周刊,1926 年第 285 期
1926 年	汪懋祖	国家主义教育学序,北京师大周刊,1926 年第 283 期
1927 年	余家菊	国家主义的教育与党化教育,京师教育月刊,1927 年第 1 卷第 1 期
1928 年	金博垲	国家主义的教育学说,京师教育月刊,1928 年第 1 卷第 5 期
1935 年	格品译	意大利的国家主义教育,湖南大学季刊,1935 第 1 卷第 3 期
1935 年	叶汤铭	意大利国家主义与教育,肇和,1935 年第 10 – 11 期
1935 年	汪绰然	国家主义教育怒潮下中国教育的出路,1935 年第 4 卷第 6 期

　　国家主义教育的主要倡导者是以余家菊、李璜、陈启天、曾琦等人为代表的国家主义教育派。其中,陈启天大大发挥了他在《中华教育界》担任主编的出版优势,全力推动国家主义教育思想的宣传。1925 年《中华教育界》第 14 卷第 8 期上,刊出了"收回教育权运动号"专栏,1925 年第 15 卷的 1、2 期上,则有"国家主义的教育研究"专栏等,凭借着《中华教育界》在当时中国出版界的势力,国家主义教育思想得到了广泛的推广。除此之外,围绕着

中华教育界,还形成了一批关心中国教育问题的学人。1925 年 7 月,余家菊、范寿康等人发起的"本国家主义的精神以谋教育的改进为宗旨"的"国家教育协会"的成立,标志着国家主义教育思潮的高峰。在思想的传播上,该会先后出版发行《教育特刊》(附刊于《醒狮周报》)、《教育专刊》(附刊于《中华教育界》)、《国家与教育周刊》(独立出版)等刊物,均由余家菊主编。该会主要成员职业多为报刊编辑、主笔、大学教授、中学教师、留学生等。其中有在南京高师、东南大学学习或供职背景的达 22 位。①

接下来,我们以余家菊的《国家主义教育学》为主进行分析。余家菊写这部著作的原因,则在于第一次世界大战之后,"卫国之心,自强之念,渐减殆尽"。而救国的要道,则在于"以国家主义的教育重振国民的精神。精神不振,犹之元气不充,势必百药无灵也"。具体的写作原因则主要来自于普鲁士的直接触动,即"昔普之败于法也,民气颓丧,国势陵夷,赖有费希底(Fichte)之《告国民》(Adresses to The German Nation)一书出世,而国势大定,人心大振,普鲁士卒能免于灭亡而终于强盛"。因此,余家菊也希望中国能像普鲁士那样,"唯在合全国聪明才智之士,自今以往,相与共勉于此义耳!"②。

余家菊的《国家主义教育学》一书共分为十二章,分别是释义篇、国魂篇、溯源篇、释疑篇(共四章)、政策篇、训育篇、课程篇、尚武篇、师资篇。其中,在释疑篇中,余家菊针对当时社会上对于国家主义教育的怀疑、误会以及混淆等,将国家主义与个人主义、世界主义、平民主义、实利主义分别一一进行了辨析和澄清,系统阐发了国家主义教育思想。余家菊认为,国家主义是一种根植于人类天性之内的心灵态度,也就是我们通俗意义上所讲的爱国心。以国家主义作为教育方针,虽然是在近代才出现,但国家主义的起源则很早就出现了。中国唐代"以司徒掌邦教",则是中国设立教育长官以经营教育的开始,在西方则始于三四千年前的古希腊时期。对于国家主义教育的界定,余家菊认为,就中国目前言之,则莫急于(一)培养自尊精神以立国格;(二)发展国华以阐扬国光;(三)陶铸国魂以确定国基;(四)拥护国权

① 杨思信.试论清末民初国家主义教育思潮及其影响[J].江汉大学学报(人文科学版),2008(02):80-86.

② 余家菊.国家主义教育学[M].上海:中华书局,1925.

以维国脉。至于国家主义与个人主义的区别,余家菊指出,教育上对于个性的提倡始于卢梭,中国古代的社会则将个人隐没于社会之中,因而乍看上去,国家主义与个人主义是相冲突的。但是,余家菊辩解道,个人的伸张与国家的服务,非但不相冲突,而且国家的服务是个人实现自身发展的必要途径。同样,平民主义作为国家组织与活动的一种方式,不能离开国家而单独存在。教育作为国家的事业,是国家达到其目的的手段,个人的利益即属于国家的利益之中,因而,现代各国教育皆由国家管理而不全任人自由经营,也就是"教育的国家化"。国家主义反对那些过当的实利主义,即自私主义、拜金主义、机械主义等这些不利于国家繁荣昌盛的思想观念。在具体的政策建议上,余家菊主张,欲实施国家主义的教育,则当下有九件事必不可缓,主要包括收回教育权、教育宗旨、教育机会均等、蒙藏教育、侨民教育、国史研究、学术独立、教育官制、确立教育问题等。

对于国家主义教育的评论,吴俊升给予了正面的肯定。吴俊升指出,"从此种教育的背景看来,此种教育实出于政治的要求。我们若是不能反对民族自保的政策,我们便不能反对国家主义的教育的动机。而且,德法两国实行此种教育,都收了效果,达了最初的目的。可见,国家主义的效果是显而易见的。在民族自保方面,国家主义的教育,实有相当的价值。世界一日不和平,便一日离不了此种教育"①。此外,吴俊升还指出了那种"绝对的"国家主义的罪恶,即"用武力宣传文化,机械的教学和训练,只造成许多做国家的机器而不能自由思想的国民"。进而吴俊升指出,应进行"相对的"国家主义的教育学,一方面尊重国家,一方面尊重国民个性的国家主义,这种国家主义"有最初国家主义之精神而无现时国家主义之弊害,在中国是可行的"②。汪懋祖在给余家菊的《国家主义教育学》写的序言中,也将国家主义分为帝权时代的国家主义和民主时代的国家主义两种,"前者之教育,要在强迫的服从,外铄的义务,知国之可爱而不知其所以可爱。后者之教育,在使人民自动,觉知个己与国家之关系,以养成其对于国家之共同兴趣"③。

国家主义思想虽然在整合民族力量上值得肯定,但在当时,这种民族主

---

① 吴俊升.国家主义的教育之进展及其评论[J].少年中国,1924,4(10).

② 吴俊升.国家主义的教育之进展及其评论[J].少年中国,1924,4(10).

③ 余家菊.国家主义教育学[M].上海:中华书局,1925.

义又是相对模糊的。这种模糊感来自于外界战乱分裂的社会格局,也来自于不同组织力量对于这种民族主义情感的分散。正如蒋梦麟说的那样,"国家主义,根据于爱乡土之心。人各爱其乡土,开阔其富源,增进其幸福,实为文明进步之基础。推而广之,国民各爱其国家,开阔其富源,增进其幸福,非世界文明进步之基础乎? 故不知爱护其乡者,不知爱护其国,不知爱护其国者,不知爱护世界。故善用之,国家主义实世界主义之基础;不善用之,则足以酿无穷之战祸"①。

另外,国家主义极具个性的"凸显",自然免不了外界的各种攻击。肖楚女在《讨论"国家主义的教育"的一封信》中就对余景陶、李幼椿、陈启天三位的国家主义教育思想进行了批判。首先,肖楚女认为,应该先把政权夺到自己手中,然后才能主张中国人去爱国,三位先生"坐而论道"从容不迫地论教育,如何行得? 其次,国家主义只可以为一种革命之"术",却不可以作为我们要求之本体,也就是说,我们应以主张国家主义为手段,以达到世界主义为目的,不能单纯地就国家主义谈国家主义。第三,教育只是救国的一个辅助方法,而不是全部。教育对于救国的限度,亦不过是在于"明定在救国"的办法,造出少数改造的首领者、指导者而已! 救国的要点,还是在社会的(世界的)经济之改造。② 恽代英也在《读"国家主义的教育"》一文中对余景陶和李幼椿的思想进行了批判,并提出了一些质疑,主要集中点还是在于"欲教育救国,得先有国",要先知中国如何能经济独立才能得救,不能单凭教育,以及在中国经济未独立的时候,不能将基督教打倒等意见。③

国家主义教育学是国家主义思想集中在教育上的表现。在学术的贡献上,由于国家主义强烈的情绪性等特点,因而,关于国家主义教育的文字表述,通常都不那么系统严谨。就学理性而言,国家主义还有着明显的输入特色,那些所输入的外来思想资源,也大体类似梁启超论清末中国"译述之业"的特点,其输入多表现为"无组织、无选择、本末不具,派别不明;惟以多为贵,而社会亦欢迎之"。本土的思想资源也具有相类的特点,缺乏学理性的

---

① 蒋梦麟.过渡时代之思想与教育[M].上海:商务印书馆,1933:285 - 286.
② 萧楚女.讨论"国家主义的教育"的一封信[J].少年中国,1924,4(12).
③ 恽代英.读"国家主义的教育"[J].少年中国,1924,4(9).

整理与整合。① 同理,国家主义通过猛烈地攻击同时代的论敌来发表自己的观点,最终他们也为他们好争论的姿态付出了代价。1927 年国民党对于醒狮派的打压,使国家主义教育学随着国家主义派的沉寂而一度消沉。但是,还有"国家主义派中的一部分已经依靠一些军阀,走上了政治舞台"②。可见,国家主义教育学在这一阶段的骤然消停,并不代表着它的永远沉寂。在之后教育学的发展中,它又将会以不同的方式进入我们的视线。

① 罗志田.权势转移:近代中国的思想与社会[M].北京:北京师范大学出版社,2014:223.
② 平江.国家主义派与国民党[J].红旗周报,1931(19).

第五章　情境的逆转与争夺空间的决战

　　在上一阶段,教育学界的三种研究取向已经出现,并奠定了教育学知识生产的主基调。然而,创造还没有完结,新的创造性来自于学术网络重组的时刻,外部条件的转移会造成新的立场重组,以及学术空间的再次分配。新的学术力量的崛起给学术网络注入新的能量,从而引发进一步的学术创造的浪潮。在这一创新的过程中,更年轻一代人物的出名不是靠重复其已经接受的文化资本,而是通过从新的方向重新阐释它。因此,在这一阶段,我们将会看到教育学知识的生产沿着科学的、哲学的、国家主义方向的新的发展,可谓是对于知识生产"主基调"的一种"变奏"。在这一新的争夺空间中,出现了"桑代克"对于"杜威"教育学说的超越,以及文化教育学微弱复苏的零星迹象。然而,这些学术空间的延续和维持的时间都较为短暂,连续的反思层次的积累机会被外部政治因素的干预所切断,新民主主义教育学的大获全胜,限制着其他取向的教育学知识争论的范围。

　　20 世纪 30 年代末,伴随着中国社会的重组,教育学人所仰赖的那个教育学界,不得不让位于依托着"阶级"的政治力量。教育学界的凝聚力根本无法与阶级动员的方式相提并论,教育学人从"不谈政治"到走上"谈政治"的"歧路",这是军阀混战年代的一个新动向。在那个政治情绪高昂的年代,大学中人同样有不能免于政治影响的尴尬。① 当然,在这些时期,学术生活并不会必然地停滞不前,只是知识生产的内部机制被大大地削弱了。所有的学术行动开始让位于政治的考虑,学界的冲突与争鸣也并不取决于知识和思想的标准,而取决于政治的立场。各种理论学说的内容现在更多地直

---

　　① 章清.1920 年代思想界的分裂与中国社会的重组[C]."1920 年代的中国"国际学术研讨会论文集,2004.

接被支撑知识分子的社会阶级和外部建制的文化兴趣所左右。① 政治的逻辑在"力"而不在"理"。中国教育学后来的实际情形,不是在科学取向和哲学取向之间如何通过逻辑推演而理性进行选择的问题,而是一个社会事实的问题。

第一节 "调整方向"的实验教育学

一、外部条件的转变

外部条件的转变会带来学术空间的重组。随着教育学研究重心向美国的转移,美国教育学开始从"引进"转向"输出"。19 世纪末,美国心理学家就已经发展了他们自己的专业组织和学术刊物来促进学术交流,并显示了他们自己的新的学术团体的独立自主。② 心理学的独立,再加上心理学对于精神构造和功能的关注,使得它与教育的关系密切。与哲学方法不同的是,心理学不是用抽象思辨的方式追求真理,而是通过实验等实证研究的方式来获得真理。因而,这种类似于科学的"客观知识"很快获得了教师的喜爱。③ 1921 年,法国教育学家克里兹施玛尔正式提出哲学教育终结的论断,宣判了哲学 – 思辨教育学的"死刑"。④

中国教育学就是美国教育学的一面"镜子",美国教育学中出现的问题在中国大都会得到相应的反映。在中国,影响这一阶段学术发展的主要情境则是 1923 年"科玄论战"的爆发。此可谓是自西学科学传入中国后的一次大规模论战,引起了极大的影响和反思。与之前国人关于西方技艺、器物的争论不同,这次主要是关乎精神、思想层面的激烈讨论。1923 年,张君劢

---

① 柯林斯.哲学的社会学:一种全球的学术变迁理论:上 [M].吴琼,等译.北京:新华出版社,2004:203.

② 拉格曼.一门捉摸不定的科学:困扰不断的教育研究的历史[M].花海燕,等译.北京:教育科学出版社,2006:23

③ 拉格曼.一门捉摸不定的科学:困扰不断的教育研究的历史[M].花海燕,等译.北京:教育科学出版社,2006:24

④ 蔡志华,沈栩.浅析教育学之"科学病"[J].宁波大学学报(教育科学版),2009(01):27 – 30.

关于"人生观"的演讲与丁文江《玄学与科学——评张君劢的"人生观"》等
文章的出现,拉开了科玄之战的序幕。张君劢认为,客观的科学无法解决主
观的人生观问题,二者之间是不同的;丁文江则强调科学对于人格修养的作
用,二人各执一端,科学与人生观之间的关系成了科玄论战的关键。这些辩
争引起了思想界的震动,很多人纷纷加入到争论中,双方展开了激烈的辩
论。科学派的主要支持人物有胡适、任鸿隽、唐钺、吴稚晖等,玄学派的支持
者则有张东荪、瞿菊农等。但是,值得注意的是,双方虽然在诸多问题上矛
盾尖锐,但是却有一个共同点,那就是"他们不仅不反对科学并且还把归纳
法看成是科学方法的主要部分"①。最终这场论战以科学派所主张的"自然
主义的科学人生观"大胜而告终。"赛先生"经历了西学中源、西体中用之
后,终于大规模地在中国"安营扎寨",科学主义的思想、方法开始在中国大
肆宣扬。胡适在 1923 年曾指出:"近三十年来,有一个名词在国内几乎做到
了无上尊严的地位,无论懂与不懂的人,无论守旧和维新的人,都不敢公认
地对他表示轻视或戏侮的态度,那名词就是'科学'。"②20 世纪初,西方各种
思潮走马灯似地在中国文化舞台上登台亮相,其中持续时间最长、影响力最
大的当属科学思潮。③ 在这股强大的科学思潮影响下,教育学界也刮起了科
学教育实验之风,由此也带来了与"教育学"概念不同的"教育科学"概念。④

　　科学的最终胜利,使得教育学界也刮起了一阵科学之风。当时教育学
界内外对教育界的负面态度也激励他们共同致力于创立教育科学,以证明
教育学自身存在的合法性。⑤ 教育学为了"谋生",为了使教育学与大学其他
学科具有同等的科学性地位和权威,教育学人开始不断地强调定量研究,寻
求确定不变的东西,如学习的法则、管理效率的公式等等。教育学科学化的
浪潮不是个人、局部的现象,而是整个教育学界之间冲突与融合下共同发展

---

① 赵冬.近代科学在中国的本土化实践研究[D].太原:山西大学,2005.

② 胡适.科学与人生观[M].上海:亚东图书馆,1923.

③ 林朝霞,杨春时.中国科学思潮的失真:重评20世纪二三十年代的科学思潮[J].吉首
大学学报(社会科学版),2012(04):16-21.

④ 张小丽,侯怀银.论 20 世纪上半叶"教育科学"概念在中国的形成[J].教育学报,
2014(03):100-111.

⑤ 拉格曼.一门捉摸不定的科学:困扰不断的教育研究的历史[M].花海燕,等译.北京:
教育科学出版社,2006:78.

的产物。作为一种外来的教育思想,欲想在中国扎根,除了自身理论的成熟和创新之外,必然会和中国教育学界的各方派系之间产生关联,因而教育学科学化运动实际上就是一场在中国获取各方支持的拉锯战,在本质上讲亦是教育学界对于象征性教育资源的争夺。这主要表现为桑代克的学说与杜威学说之间的论争,以桑代克为代表的工具主义的实验教育学,开始逐渐取代之前以杜威为代表的实用主义的实验教育学。

五卅运动之后,随着爱国情绪的高涨,当时已经有人开始对杜威学说进行质疑。在之后的军阀混战中,中华职业教育社被查封,黄炎培被冠以学阀受到通缉,郭秉文被撤职后赴美,陶行知的晓庄学校被查封,陶行知本人也受到通缉,胡适辞去了中国公学校长之职位等等,这些有利条件的缺失都导致了杜威学派内部互动仪式链条的断裂。在美国,杜威的观点与 20 世纪初期学术界十分明显的职业化和专业化倾向格格不入。爱德华·桑代克的观点却和当时各种知识的社会结构与时兴的观念及价值十分吻合。[①] 桑代克在哥伦比亚大学教师学院发展的教育研究方式就得到了大力推广,桑代克的方法也得到杜威在芝加哥大学的继承人哈伯德·贾德(Hubbard Judd)的认同。[②]

在中国,虽然杜威的实用主义教育思想并没有迅速地销声匿迹,杜威的很多著作仍在大量出版,很多教育实验也依旧在中国大地上开展着,[③]但是他的力量以及创造力却大不如以前。以自然科学方法独尊的教育学科学化开始在教育学界占据统治地位。最终,以倡导教育研究的科学化和精确测量而著称的心理学家桑代克,跟强调"哲学是教育的普通原理,教育是哲学的实验室"的实用主义哲学家杜威,两人之间的竞争"不幸"以桑代克的取胜和杜威的"落败"而"告终"。[④] 科学"战胜"了哲学,最初这些教育学人还对

---

① 拉格曼. 一门捉摸不定的科学:困扰不断的教育研究的历史[M]. 花海燕,等译. 北京:教育科学出版社,2006:43.

② 拉格曼. 一门捉摸不定的科学:困扰不断的教育研究的历史[M]. 花海燕,等译. 北京:教育科学出版社,2006:22.

③ 周洪宇,向宗平. 杜威教育思想在中国的传播及其影响[J]. 河北师范大学学报(教育科学版),2001(02):59-65.

④ 叶志坚. 中国近代教育学原理知识的演进:以文本为线索[M]. 杭州:浙江大学出版社, 2012:179.

此不以为然,现在一个新的组织表演者在这一领域崭露头角,表演的学术语被转换了。科学越来越强大,越来越获得政治高层的同情与支持。这些变化带来了教育学知识创造力一次更大的爆发。

二、"桑代克"对"杜威"的超越

有创造力的人几乎总是同时出现,并依据少数原则划分各自的领域。[①]杜威打开了中国的空间之后,很多人便以相同或相反的立场逐渐加入进来,桑代克便属于后者。桑代克是极富有创造性的,同时也是最为极端的,他将网络的焦点转向了严格意义上的自然科学。在《国家教育百科全书》中,桑代克被誉为"教育界中最具有科学取向的最典型代表"[②]。

那些有创造力的人总是典型地在链条中相互联系着的,他们攻击他们的前辈和同仁没有获得真理。[③] 通常人们会将杜威和桑代克一同看作是美国进步主义的代表,殊不知进步主义派内部本身就矛盾重重。拉格曼在《一门捉摸不定的科学:困扰不断的教育研究的历史》一书中,就向我们展示了杜威与桑代克、贾德等人之间的重要分歧。桑代克曾说,"我实在不能理解杜威!"杜威也常常"批评桑代克所做的那些研究,而桑代克则一直认为杜威的教育文章充其量也不过是粗糙原始的"[④]。

桑代克与杜威有着不同的研究取向,桑代克所提倡的是心理实验式的教育学,而杜威的教育学则是哲学实验式的教育学。桑代克曾说过,"无论何时,哲学也许都不是我的所爱",对于他来说,"教育为心理学家提供了一个不断发展的应用场所"[⑤]。因此,桑代克开始着手发展能使教师直接应用的那种心理学。他聚焦在学习过程的心理研究上,提出了联结刺激和反应

---

① 柯林斯.哲学的社会学:一种全球的学术变迁理论:上[M].吴琼,等译.北京:新华出版社,2004:169.

② 胡森,波斯尔韦特.国家教育百科全书[M].贵阳:贵州教育出版社,1990:326.

③ 柯林斯.哲学的社会学:一种全球的学术变迁理论:上[M].吴琼,等译.北京:新华出版社,2004:92.

④ 拉格曼.一门捉摸不定的科学:困扰不断的教育研究的历史[M].花海燕,等译.北京:教育科学出版社,2006:57.

⑤ 拉格曼.一门捉摸不定的科学:困扰不断的教育研究的历史[M].花海燕,等译.北京:教育科学出版社,2006:57-58.

的方法,着重强调准备律、训练律和效果律。桑代克偏重于各种心理特性的量化测验,并断言教育中的任何事物都可以进行测量,包括智力、教育目的等,并试图将教育学的发展建立在精确的控制性测验的基础之上,而不是哲学或其他社会科学的基础之上,在桑代克那里,教育实践与哲学和其他社会科学之间没有任何相互影响。杜威和桑代克之间的区别体现在很多地方,譬如学校和社会之间的关系、思想和行动、经验和天性等等。显然,桑代克的教育研究和杜威截然两立。值得注意的是,桑代克的方法对于专业化知识的强调,为当时大学教育学院和科研的学科基础提供了一个明确的组织模式,而杜威的研究方法则偏重于对话与合作式的跨学科、综合式研究,这与当时专业化、职业化的潮流是相对抗的。最终,随着桑代克及其同仁的逐渐胜利,教育研究的话语权开始被他们所控制。桑代克与他的追随者一起,也形成了一个教育学知识生产的学术网络结构。

自 1900 年以来,桑代克在心理学或教育学领域直接或间接指导的博士超过 80 人。其中有许多追随者最终成为桑代克在教师学院的同事,如天才儿童研究领域的丽塔·霍林沃斯(Leta S. hollingworth)、矫正阅读研究领域的亚瑟·盖茨(Arthur I. Gates)、儿童心理学领域的亚瑟·杰西尔德(Arthur T. Jersild)、测试与测量领域的欧文·劳齐(Irving Lorge)、咨询指导领域的鲁斯·斯特朗(Ruth Strang)、社会心理学领域的古德温·沃特森(Goodwin Watson),等等,都是桑代克的学生。[①] 这些学生成为传播桑代克教育学说的主力,他们凭借自身的关系网络,迅速地将这些理念扩散到美国其他的研究者那里。

1910 年前后是美国教育学术研究的分水岭,以桑代克学说为主的测量、统计的研究传统开始主导哥伦比亚大学,并逐渐呈现向各级各类教育研究组织扩散的迹象,这些从哥伦比亚大学的课程设置(见表 15)以及桑代克在美国教育学界的影响力(见表 16)便可一览无遗。同时,桑代克之于杜威的胜利的原因还在于二者不同的研究组织模式之上,杜威对于学校与社会之间关系的强调,致使他的实用主义研究模式及其组织方式较为松散,研究主题和方法的选择也比较广泛,而桑代克科学主义的研究组织模式则较为集

---

① 康绍芳. 美国教育学界精英形成的社会条件和内在机制[J]. 教育研究,2014(10):136 - 145.

中和聚焦,研究主题和方法也更有操作性,更便于竞争和控制学术资源,主导学术网络的关注空间。在外部资助上,1920~1927年,两帮基金会总共向教育研究领域捐赠836 500美元,大部分赠款都被贾德、桑代克和克伯莱等获得,①这在很大程度上都预示着桑代克的胜利。

表15　1902~1922年哥大教师学院教育类主要课程学分变化情况统计②

课程类别	学分		
	1902~1903年	1913~1914年	1921~1922年
教育历史与哲学	9	32	52
教育心理学与测量	9	28	132985
教育管理与学校督导	4	15	47
初等学校教学法	10	20	67
中等学校教学法	4	12	66

表16　美国教育学界精神著作及论文被引证频次与学术影响力(1898—2012)③

序号	作者	文章数	被引频次总计	每项平均引用频次	h指数
1	桑代克	96	655	6.86	10
2	贾德	113	171	1.51	6
3	杜威	63	290	4.60	6
4	巴格莱	33	17	0.52	2
5	孟禄	14	11	0.79	2
6	威廉·萨顿	6	—	1.33	2
7	克伯莱	—	—	—	—
8	哈努斯	14	2	0.14	1

桑代克的著作被陆续引介到国内(见表16),据叶志坚统计,在1928~1938年的这个"黄金十年"里,在教育科学方面,尤以桑代克的著述被译介的频次最高。在1949年之前,桑代克著述被中译的频次应不低于20次。在

---

① 康绍芳.美国教育学界精英形成的社会条件和内在机制[J].教育研究,2014(10):136-145.

② 康绍芳.美国教育学界精英形成的社会条件和内在机制[J].教育研究,2014(10):136-145.

③ 康绍芳.美国教育学界精英形成的社会条件和内在机制[J].教育研究,2014(10):136-145.

短期内,桑代克个人的学术活动及其著述受到如此广泛而密集的关注,实属罕见。在这场教育学科学化运动中,留美学生群体无疑扮演了"主力军"的角色。他们(其中又以哥大毕业生为主体)将桑代克的那一套重视控制性实验和精确的定量测量的思想方法,迅速传入国内并付诸实施,这一切都表明中国教育学的科学主义趋向已经形成。①

在蒋维乔为《桑代克教育学》写的序言中,蒋维乔就对桑代克这样描述道:"桑代克者,美国之心理名家又教育之大师也。所著心理社会诸书,久为续学之士所推崇,尤以教育学一书风靡一世,谈教育者尽人钦为名著。"孟禄在给陈兆蘅的《桑代克教育学》一书的序言中也指出:"中国兴学垂二十年,而近日教育界之缺点尚甚多,以缺乏论教育专书之缺点尤为重要。……举世虽不乏明哲从事于教育学之著作,而确有能力与兴趣以供吾人所需要之书籍,则殊不易多见。试就著作者而论,此类书籍可称为最完美者,要以哥伦比亚大学桑代克教授所著之教育学可以当之无愧。桑教授固现代心理学家泰斗,尤以教育心理学专家著名,在此书中其所以贡献吾人教育心理之要点非常之多。然此书又并不仅以教育心理学为其特长,且包蕴甚多之社会学及哲学之要点,凡与教育有关之重要学科,大体略备。"②李建勋在 1932 年谈及中学教育的新趋势时候就说到,"今后的中学教育须要用科学的方法,处理一切教育事宜,无论何人不能否认也"③。在 1933 年师大研究所的开学典礼上,李建勋再次提及了科学实验研究在教育中的重要性,他指出,"近代的教育已走向科学的道路,一切理论均需要实验的证明方可为信。所以实验工作在教育上占有重要地位,我国近数年来亦曾感觉教育实验之重要"④。罗廷光认为当时美国的教育虽然无日无时不是在研究及试验之中,直到最近,人们不但以为自然科学上的真理,须由直接的研究及观察而发现,即一切社会科学上的问题,也可以用自然科学的方法去探讨。所谓科学的研究方法,其目的在于追求真理;其态度是不武断,不存偏见;其过程,则是细心、

① 叶志坚.中国近代教育学原理知识的演进:以文本为线索[M].杭州:浙江大学出版社,2012:223.

② 陈兆蘅.桑代克教育学[M].上海:商务印书馆,1927.

③ 李建勋.中学教育之新趋势[J].师大月刊,1932(1).

④ 李燕,李建勋,讲.齐永康,姜辅弼,记录.师大研究所开学典礼讲演及报告[J].师大月刊,1933(8).

充分地去搜罗可靠的事实;其方法,是处于客观的地位,去仔细观察所研究的对象。非经过三番五次反复的试验,绝不轻易承认为最后的最可靠的结论。研究自然科学,应当如此,研究社会科学,也应当如此。① "教育上任何门类,任何阶段,任何大问题,小问题,都不无应用科学研究的可能性"。② 我们深信欲切实"增进社会效能",非积极从科学研究下手不可。此外,庄泽宣的《教育概论》、孟宪承的《教育概论》等著作,也明显受到桑代克的影响而表现出对于数量分析的推崇。

还有一些研究者认定教育学科学化是解决教育问题的最有效的方法,是未来教育发展的必然趋势。在罗廷光的《教育科学研究大纲》中有一段话这样写道:近来教育科学研究的潮流,一天高涨一天,其成绩亦一天增进一天。非特量的方面业已扩张,即质的方面亦已改善。往昔论文式的考试法,多数已被新式测验式的试验法替代了;教师主观的批分制,亦被客观、明确的计分制补充了。"常模""平均差""均方差""机误数""审核比",乃至什么 M. A. ,E. A. ,I. Q. ,E. Q. ,A. Q. 和 E. C. 等等,已成为教育家的家常便饭。"测验""量表""教室测量表""校舍测量表""学校组织测量表""学校行政系统测量表""教科书评分表"以及"教师品质评分表"等一类,亦成为今日教师及教育行政人员的日常用品。教学和训练上向认为无法解决的难问题,此刻因心理学、社会学及其他科学的帮助,多数已可用观察和实验的方法去研究解决了。③ 教育应为一种专门的科学,断非如普通人眼光中看到的那样简单,那样容易。钟鲁斋也这样说道:有人以为,教育学问非常浅简,没有深研的必要,那是门外汉之言。正所谓不登高山不知山之高,若教育学变为一种真正科学,一切教育方法和效率都有客观的标准,正确的量表,去权衡,去批评,其造成教育学上的原则和定律,与自然科学的原则和定律有相同的位置。那时候教育学本身的价值,可以提高。一切教育事业非有教育学识者去办不可,教学非习过教学法和教育原理者去担任不可,教育的问题非用着科学的方法去解决不可。如此教育学愈有研究的必要,教育家愈有特殊的权衡。但此非我们努力于教育科学研究法之改进不为功。我们已经

① 罗廷光.教育科学研究大纲[M].上海:中华书局,1932:16.
② 罗廷光.教育科学研究大纲[M].上海:中华书局,1932:15.
③ 罗廷光.教育科学研究大纲[M].上海:中华书局,1932:7.

知道教育科学研究之史的进展及其最近的趋势,鉴往知来,如何努力,如何奋斗,而思有以发扬光大,承先启后呢。① 可见,受桑代克等人的影响,国内在这一时期的教育学研究中能明显看到科学主义倾向的凸显,很多人都对教育中科学方法的运用表示赞同。

表 17　桑代克著作中文译本一览表②

作者/译者	英文/中文名称	出版单位/年代
E. L. Thomdike 舒新城译	Individuality(1911) 《个性论》	中华书局,首版 1922, 第 4 版 1925
E. L. Thomdike 陆志韦译	Educational Psychology(1914) 《教育心理学概论》	初版 1926,第一版 1935
E. L. Thomdike 陈兆蘅译	Education:a First Book(1912) 《桑代克教育学》	商务印书馆,初版 1927, 第一版 1932
E. L. Thomdike 杜佐周、朱君毅译	Adualt Learning(1928) 《成人学习》	商务印书馆,1933
E. L. Thomdike ①赵演译 ②胡毅译	Human Learning(1931) 《人类的学习》	①国立编译馆,1934 ②上海民智书局,1933
E. L. Thomdike 陈礼江、喻任声译	Adult Insterest(1934) 《成人的兴趣》	商务印书馆,1939
E. L. Thomdike & Gates ①王丏萍译 ②熊子荣译 ③贡自容译 ④贡自容译	Elementary Principles of Education(1929) 《教育之根本原理》	①中华书局,1934 ②世界出版合作社,1933 ③南京书店,1933 ④大东书局,1947

对桑代克的认同,必然会带来对杜威的反对。陈科美在其 1932 年所著的《新教育学纲要》中就明确地断定,杜威之"教育即生活"说存在两处缺点,分别是"解释生长之内容尚嫌简单"和"教育之范围过于广泛"。

学术领域也从来不会有观点完全一致的时候,即使在桑代克学说盛行

————————

① 钟鲁斋.教育科学研究之史的演进及其最近趋势[J].中华教育界,1937,24(11).
② 肖朗,范庭卫.美国教育心理学在近代中国的传播和应用:中外学术交流的视角[J].学术交流,2010(07):200-208.

的阶段,总会有一部分抵抗者的存在。他们会从中敏锐地观察到对方学说的漏洞而进行攻击,也便于以此方式形成自己在学术界的地位。譬如,有研究者就看到,虽然科学的方法在一些问题上颇有成效,但是教育中还有一些问题是无法用客观的方法来解决的,甚至部分研究者根本不认为这些问题可以用客观方法解决。教育的实验远非自然科学的实验那样能够处处得以控制和量化,教育的对象是"人",是"活泼的人",不是死板板的物,实验物时,可预先安排下公式,准备好仪器,按着一定步骤一步步做去,人则变化莫测,怎能用同样手续,以得到所期望的结果?教育之材源虽来自科学(如生物学、心理学和社会学等),但其本身究非科学,乃艺术,一如法律、工程及医学等然。①

在教育学是科学还是艺术这个问题上,就牵扯到对于科学的理解。罗廷光对于教育科学研究的状况进行了客观的评价,他也深知时人对于这种方法存有质疑。他认为最有力的批评主要有两种:一谓教育不应与科学等视齐观,应比之更进一步(more than science)才对;一谓教育不是科学(not science)是艺术(but art)。在对这两种批判声音的回应中,罗廷光采取了较为温和的看法,即认为"教育既是科学又是艺术"。他认为第一派的人将"科学"和"科学研究"看得太偏狭了。科学之所以谓科学,非以其能在实验室中直接求得所预期的结果,是以其所代表为完整有系统的知识,取材严谨,组织完密,证据确凿,皆是他的特点,凡合乎此种条件者,都不妨称之为"科学"。而且,艺术与科学原非两种冰炭不容之物,凭我们此刻的智力和经验判断:"教育是艺术亦是科学"。② 吴家镇也发表了自己"调和论"的观点,即认为,"教育之目的,在使人类改变其行为求适应环境,则教育是一种科学;如教育之目的,在使人类改变其本性成为一种有高尚的人格,则教育是一种艺术"。③

从上面我们可以看到,在对于"教育学是否是科学"这一问题上,国内学者众说纷纭,有赞成的,有反对的,也有调和的。这与科学概念本身的多义因素有关,从而导致他们对一些问题分析的笼统和含糊。然而,正是由于他

---

① 罗廷光.教育科学研究大纲[M].上海:中华书局,1932:8.
② 罗廷光.教育科学研究大纲[M].上海:中华书局,1932:8-9.
③ 吴家镇.教育为科学平抑为艺术乎[J].中华教育界,1937,24(10).

们在这方面的歧义,以及他们对于科学的推崇和提倡,最终使得他们并未在中国形成一套完整的教育学知识体系。不过这些不同说法之间的互动和争论,则对于促进教育学科学化的进程做出了巨大的贡献。

当时处在衰落期的杜威学说也仍未放弃对于自身学说的努力,依旧站在桑代克学说的对立面与之抗衡。当时很多人都认为科学只限于那些有着精确结果以及能被证明法决定的学科,杜威则认为,按照这种看法的话,那么能够称为科学的则只限于纯粹的数学的部分了,物理学和化学也不能说是科学了。因此,他认为我们应该把科学定得这么宽广,致能包括通常所认为科学的一切学科。① 在 1935 年丘瑾璋翻译、商务印书馆发行的杜威的《教育科学之资源》一书中,杜威就对"什么是科学",以及"什么是教育科学的资源"等问题进行了分析。在"科学"的概念上,杜威指出,"我们应该把科学的观念放宽一点","致能包括通常所认为科学的一切学科",若像有些人那样将科学限定为只能由数学或其精确的结果来证明的学科,那么像物理学、化学等都不能称为科学了。② 杜威明智地提出了过分量化、忽视历史和哲学的趋势会极大地限制教育研究。③ 在科学与艺术的关系上,杜威指出,虽然科学与艺术有别,但并非是完全对立的。在教育上,如果心理学家或任何方面的观察家或任何方面的观察者和试验者把所发现的归纳为一致采纳的法则,则其结果只是妨害教育艺术之自由运用而已。④ 杜威在这里虽然没有提及桑代克及其同仁的名字,但是从字里行间我们依旧能感受到那浓浓的火药味。

无论桑代克发挥了多么重大的作用,并不仅仅是他一个人确立了教育研究的方法和导向,许多学者都参与其中。在 20 世纪早期美国学术文化的背景下,他们的观念相互碰撞的过程中,狭隘化问题出现了。⑤ 当时,桑代克被认为是"科学主义之父"而备受推崇,但是由于教育行政与领导领域的研

---

① 邱瑾璋.教育科学之资源[M].上海:商务印书馆,1935:2.

② 杜威.教育科学之资源[M].丘瑾璋,译.上海:商务印书馆,1935.

③ 拉格曼.一门捉摸不定的科学:困扰不断的教育研究的历史[M].花海燕,等译.北京:教育科学出版社,2006:235.

④ 邱瑾璋.教育科学之资源[M].上海:商务印书馆,1935:4.

⑤ 拉格曼.一门捉摸不定的科学:困扰不断的教育研究的历史[M].花海燕,等译.北京:教育科学出版社,2006:235.

究者过于关注技术与方法,从而导致之前的学校、学校体制被疏忽,使得桑代克的成就"被窄化为测量教学技术的成败"①。20世纪30年代,美国的一场经济大恐慌又一次改变了教育学界的格局,历史在不断地重复上演。以康茨和拉格为代表的改造主义教育思潮兴起,他们开始对之前的种种教育现象开始批评。他们批判进步主义学派片面注重儿童自身,忽视社会影响的现象,他们认为桑代克的心理学是狭隘的行为主义心理学,它排除了意识的因素,把人类活动局限为对刺激的反应。同时,他们认为教育问题不光是科学的事情,也不仅仅在于学校和儿童。在此刻,无论之前如何风光的杜威学派还是桑代克学说,在新的社会情境中不得不又同样处于下风。大约到1932年,美国哥伦比亚大学师范学院的进步主义教育者几乎都已忘记儿童这个经济大恐慌前的偶像了,所有儿童中心的教室,现在都急着与社会重建运动产生关联。②

第二节　文化教育学的微弱复苏③

文化资本的输入不是一个偶然的闯入,当时的教育学人都已经开始纷纷搜寻新的文本来充实遭受外界攻击的教育学知识空间。而教育学科学化势头的式微,以及留美学生力量的削弱,便为其他可能性开辟了一个结构的缝隙,为文化教育学的复苏做好了准备。五四时期,是科学主义教育学的极盛时期,也是它走向衰落的开始。新文化运动之后,作为一个整体的西方开始分解(罗志田语),学术关注空间开始出现许多竞争者。虽然科学主义的教育学还在盛行,但很多反对者都已经逐渐出现,并在不断积累能量,缓慢发展。到了20世纪30年代的时候,外部因素的冲击,再一次加重了教育学学术关注空间的拥挤,科学主义遭到了各种思想捍卫者的反击,风靡一时的科学化浪潮也开始衰落,教育界不再以此为圭臬。

---

① 刘蔚之. 哥伦比亚大学师范学院中国博士生"教育基础理论"领域论文的历史意义分析[J]. 教育学报,2014(05):85-97.

② 刘蔚之. 哥伦比亚大学师范学院中国博士生"教育基础理论"领域论文的历史意义分析[J]. 教育学报,2014(05):85-97.

③ 一般情况下,文化教育学归于哲学教育学一派。具体参见章光涛. 现代德意志教育理论之鸟瞰[J]. 教育杂志,1931,23(4).

当科学主义教育学由盛而衰的时候,学术生活便开始向另一个极端发展。要想从中脱颖而出,除了在科学主义的极盛时期加入到其队伍中之外,另一个方法便是站在其观点的对立面。科学虽是从哲学中孕育并分离出来的,但却多作为哲学的对立面而存在。科学对哲学的胜利,一直压制着哲学教育学空间的拓展。如今,科学逐渐受到质疑和批评,便给哲学教育学营造了喘息和重新发展的空间。但由于关注哲学教育学的这些"弱势"知识分子力量分散,没有合并为联盟的统一战线,因而是一种"微弱"的复苏。虽然微弱,却毫不影响它与对手的抗衡在学术史上存在的价值和意义。

一、"科学化"的反思

早在 19 世纪的时候,以狄尔泰为代表的德国精神科学教育学派,以及以德国的梅伊曼和拉伊为代表的实验教育学派就开始对赫尔巴特及其弟子的教育学展开了批判,前者否定赫尔巴特教育学的普遍性特征,强调历史性和人文性,后者则用严格的自然科学概念批评赫尔巴特教育学的科学性,甚至否定教育学是理论。然而,这些在中国从日本引进教育学的时候并没有得到关注。[①] 文化教育学作为当时反对赫尔巴特教育学的一个支流,直到后来,随着中国教育学人视野的不断拓宽,这些学说才被陆续引介进来。

在实验教育学盛行的同时,欧洲思想界在科学研究方法论上也产生争议,在社会科学和人文学科领域里,人们怀疑和抵制自然科学方法的思想也非常明显。许多学者指出,社会现象、生命现象与自然现象在性质上有着明显的差异,教育学的发展,应该成为一门既不同于思辨哲学,又不要依附于自然科学的"精神科学",主张建立一门精神科学教育学。"精神科学"是一个与"自然科学"相对的概念,它强调通过目的与价值等概念去理解、探索社会现象的内在价值和人类精神活动的实质。由于这种教育学研究的方法论是解释学,因而也可称为解释学教育学,由于它注重从历史和文化阐释入手研究教育,又被统称为文化教育学。[②]

1932 年前后,中国国内出现了一股大谈"教育崩溃""教育失败"的论调,并将主要矛头对准那些将西方经验当作圭臬的教育学界,尤其是那些哥

---

① 叶澜.中国教育学发展世纪问题的审视[J].教育研究,2004(07):3 – 17.
② 张忠华.教育学学科科学性研究探索[J].现代大学教育,2007(02):10 – 17.

伦比亚大学毕业生。论争的缘起出自于 1932 年傅斯年在《独立评论》上的《教育崩溃之原因》一文,在文中,傅斯年认为造成教育崩溃的原因主要有五个,其中的第四条则是,"哥伦比亚大学的教员学院毕业生给中国教育界一个最不好的贡献"。傅斯年讲道,"我没有留学或行走美国之荣幸,所以我于哥伦比亚大学的教员学院诚然莫测高深。不过,看看这个学校的中国毕业生,在中国所行所为,真正糊涂加三级。因此我曾问过胡适之先生,'何以这些人这样不见得,不低能',他说,'美国人在这学校毕业的,回去做小学教员,顶多做中学校长,已经稀有了。我们却请他做大学教授,大学校长,或做教育部长'。这样说来,是所学非所用了,诚不能为这些'专家'叹息!"因此,傅斯年敬告这些"与前清速成法政学生比肩的先生们":第一,中小学是适用教育学的场所,大学是学术教育,两者风马牛不相及;第二,教育学界如不于文理各科之中有一专门,做起教师来,是下等的教师,谈起教育——即幼年或青年之训练——是没有着落,于是办起学校来自然流为政客;第三,青年的人脑筋单纯,与其给他些杂碎吃,不如给他几碗大鱼大肉,这些教育家们奈何把中学小学的课程弄得五花八门,其结果也,毕业后于国文英算物理等基本科目一律不通。[①] 傅氏此文引起了教育学界的一阵哗然。教育学者邱椿随即发表《关于教育崩溃的一个责任问题》进行辩驳。同时,教育学界内部也开始表达对 20 年代教育学发展的不满,1934 年古楳也在《现代中国及其教育》中愤慨地指责 20 年代所提倡的美国化教育科学并未达到预期效果。教育行政当局也不大重视教育上科学的研究,各种学术基金集中注意在自然科学与工程,甚至不愿意派遣研究教育的留学生。[②]

此外,萧孝嵘在《教育杂志》上的一篇文章中就指出,"桑代克之教育心理学说今已洋溢乎中国,师之所授,书籍杂志之所戴,莫不有其影响焉。当此之时而能容纳批评桑代克者之意见,唯有识者能致,故是篇为有识者作也"。文中作者也进一步指出,"批评桑代克之学说者不独作者一人,在美则有开逊(Cason)与石士同(Thurstone),在德国则有苛勒(Kohler)与考夫卡(Koffka)诸人,或批评其学习之定律,或攻击其刺激反应之程式,或痛诋其试

---

① 孟真. 教育崩溃之原因[J]. 独立评论,1932(9).
② 张小丽,侯怀银. 论 20 世纪上半叶"教育科学"概念在中国的形成[J]. 教育学报,2014(03):100－111.

验与错误之学说"①。正如王西征说的那样,十几年来,中国教育界的现象虽然和其他各界同样的一言难尽,但归结起来,最显著的不外乎是教师生活的困苦和学生思想的猛进。教育者高唱着"生活"的教育哲学和"适应"的教育目的论,可是,对于"生活"的内容或索要"适应"的社会对象,曾否分析研究过。② 蒋梦麟也批评指出,"西洋近数十年来之进步,皆归功于物质科学。夫物质科学功效之伟大,人人得而知之,而物质科学之杀人,非其罪也,用之者之罪也"③。

刘蔚之通过对 1930~1950 年在美国哥伦比亚大学师范学院学习的中国学生的 7 篇论文分析发现,1920 年中国学生在哥大的最热门领域乃教育心理学中共有 7 篇论文,而 1930~1950 年整个 20 年间却只有 3 篇。这种数量上的极大落差,显示出中国学生的学习兴趣已经出现了极大的转移。而且,通过对论文内容的分析,刘蔚之认为,这仅有的 3 篇论文的研究已经开始"对主导与笼罩哥大师院数十年的桑代克研究典范,提出多元异见与挑战"④。可见,虽然当时桑代克的学说正如日中天,但还是避免不了一些批评、一些反对意见开始出现。

在 20 年代末,中国教育学界也开始"警觉",尤其是五卅运动以后,国人对于西方民主、自由、平等的价值观有所失望,美国教育学的力量在中国逐渐减弱,一方面是来华人员的减少,另一方面中国赴美的留学生人数也开始下降。⑤ 当时不少的有识之士就开始批评国内那些一味模仿美国的实验学校,认为,"凡是完全美国式的小学,无论办的怎么好,都不能算为模范的学校。因为我国是一个极贫困的国家,一般学校都经费困窘,断乎不能取法美国式的小学"⑥。

在科学与哲学之间关系的讨论上,章光涛的分析较为深刻。他总结道,

① 萧孝嵘.对于桑戴克学习心理学说之我见[J].教育杂志,1929(9).

② 王西征.中国教育界的饥饿和警觉[J].教育杂志,1929(10).

③ 蒋梦麟.过渡时代之思想与教育[M].上海:商务印书馆,1933.

④ 刘蔚之.哥伦比亚大学师范学院中国博士生"教育基础理论"领域论文的历史意义分析[J].教育学报,2014(05):85-97.

⑤ 叶志坚.中国近代教育学原理知识的演进:以文本为线索[M].杭州:浙江大学出版社,2012:231.

⑥ 赵轶尘.实验小学或附属小学应该怎么样[J].教育杂志,1929,21(5).

教育学自从脱离了哲学的羁绊,成为独立的科学以后,日渐趋重于教育实际问题的讨论,总算是脱下了形而上学的大衣,穿上实用科学的便服。他的发展当然是与现代的社会经济的背景有极密切的因果关系。但是哲学这个怪物,他一方面固然受了各种新兴科学,特别是自然科学和实用科学之袭击和背叛,而另一方面又获得了他们不少的而且必然的推戴,愈加巩固他历来所占有之"科学之科学"的地位。教育学在他的完成及演进之程序上,虽然和其他的科学,如心理学、社会学等一样,一面企图解脱哲学的支配,发展独立的性格,但另一方面他又迫不及待地需要哲学的协助;换言之,即在理论上、原则上和方法上,教育学必须树有强固而又确定的基础。现时有不少的科学者往往侧重于各种科学之实用化或现代化,而忘却各科学之基本理论的探究,即哲学之基础之建立或认识,实是一种严重的错误。只有理论,没有实践,固然是玩物丧志的空谈;但是只有实践而缺乏理论的根据,也是没有指南针的海轮,其危险更甚! 许多谈教育的人们只管能言教育万能,只管偏重教育实用的效率,但对于教育的本质,教育的最高限度,教育价值以及其他一切最高原则之缺点和认识问题,都漠然视之,其结果将只有机械化的教育匠,而没有艺术化或哲学修养的教育家。[①] 可见,科学主义思潮的盛行,其本身就有着相互区别、矛盾的思想存在,但是它在一种强大的精神情感力量之下被遮蔽,从而使得各种科学在中国得以扩散。或者我们可以说,在科学主义提出一系列基本命题的时候,它已经自我埋下了许多瓦解的因素。科学主义的悲观结局来源于其自身的危机以及历史的情势变化。

二、文化教育学的复苏

继王国维之后,对于德国文化教育学的研究较为著名的有蒋径三、范琦、杨人楩、林砺儒、张安国、章光涛、王锦弟、石联星等人,虽然他们的研究队伍较为分散,力量较弱,也没有强大的组织支撑,但正是这样一股微小的文脉,持续不断地将文化教育学的研究一直延续下来,并形成与科学取向的教育学相抗衡又互补的局面。刘蔚之通过对1920～1930年间发表于《教育杂志》和《中德杂志》上有关德国教育学理论的74篇文章进行分析,发现在

[①] 章光涛.现代德意志教育理论之鸟瞰[J].教育杂志,1931,23(4).

这10年间,中国对于德国教育学理论与实务之认识,例如学制改革、教育运动、教育心理学、教育哲学,特别是文化主义教育学说,主要是经由日本与美国的引介。其中,关于20世纪初期德国教育哲学的主要学派,几乎都有所介绍。①

《教育杂志》第21卷12期(1929年12月)《告读者》中称:"在教育哲学方面,为补救国内屡年以来偏重一隅的流弊,我们介绍欧洲的社会的教育思潮以及现象学、文化哲学的思想。"②可见,当时已经开始对于之前不顾国情一味盲目模仿某一国家的教育现象进行批判,并试图以文化教育学的博大精深来挽救当时社会"个人主义和自由主义的流毒"。

1929～1931年间,在《教育杂志》上出现8篇有关文化教育学派的文章,作者同为蒋径三。蒋径三曾担任过小学教师、大学图书馆员、商务印书馆编辑,以及高等师范学校教师等。他的文章主要有:《文化教育学的理论与方法》(1929第4期)、《文化哲学与文化教育学》(1929第31卷第12期)、《反赫尔巴特主义者狄尔泰的教育思想》(1931年第23卷第2期)、《斯普兰格的文化教育学》(1931年第23卷第5期)、《文化哲学与文化教育学》(1929年第21卷第12期),等等。蒋径三在《文化哲学与文化教育学》一文中,对文化教育学的来龙去脉做了详细的分析。蒋氏认为,文化教育学,又称精神科学教育学派的教育学,为德意志现代一种代表的教育思潮。其主要目的,在想以文化哲学与精神科学的心理学为基础,而建立一种新的教育学,同时希望一方面基于生命的立场,补救康德派的理性主义、形式主义的缺陷,一方面立足于价值体验的基调,调和理想主义与现实主义的冲突。所以这种教育思想也得成为体验教育,或"理想的现实主义"的教育等种种。文化哲学一词是逐渐推用起来的,与自然哲学相对立,同时,文化哲学的含义还有以文化的概念为基调而建设哲学的意义,譬如康德、斯普兰格、温德尔班等所处的都是文化哲学的立场。以这种哲学观点在教育上所生的结果,就是文化教育学,它是一种"体验主义、全人活动主义的教育,同时又是以历史与

① 刘蔚之.德国文化教育学在中国的接受与转化:兼述其在日本的传播[J].教育研究集刊,2007(9):93-127.

② 周谷平,朱有刚.《教育杂志》与近代西方教育的传播[J].教育评论,2002(03):57-60.

社会为中心的教育学说"。① 此外,蒋氏还指明狄尔泰作为文化教育学的先驱对于赫尔巴特学派的否定,狄尔泰认为教育的目的与理想应该具有历史性,不存在普遍共通的教育目的和理想,等等。

杨人楩在对当时存在的几种教育思潮的分析后,对于文化教育学给予了高度评价,而且,他的结论的得出并非是一种盲目的推崇,而是经过自己理解、分析、比较之结果。杨人鞭指出,文化哲学的教育学之实际的价值,既不偏于诡激,又不偏于拘执,实一含有中正的实际的价值之教育学说。新康德派之教育学,重于原理,偏于理想,故其于实际也失之空虚。实验主义之教育学,则偏于现实,重于实际,故于理想也缺如。今兹文化哲学的的教育学则兼而有之,固一稳健中正实际的教育学也。同时,杨人鞭进一步给出了文化哲学的教育学之价值存在的三点理由,分别是:(一)此教育学说与国民教育相一致,故特重历史的文化以及民族的社会的文化,盖欲以此文化内容而养成人格生活的人类也;(二)为全我活动主义与体验主义。从来之教育为主知主义,故偏于脑部之教育,而轻视心情之教育与全人之教育,其结果亦不过养成专富于知识之人类,其于知行合一,以养成全人之教育,则相距殊遥。新康得派与实验主义,均不曾补救此弊者。惟高唱文化的生命体验之文化哲学的教育学,足以胜此大任。盖彼以具体全一之生命为其立足点,既不偏于理想,亦不偏于现实,而以文化之所有方面为其陶冶之思想,从而以与生命构造相结合,以形成此自我者也。(三)其方法论之个性型与生活形式之结合,以之应用于个性教育与职业教育等,实有莫大利益。惟严密言之,其个性之表现尚不充分,若以此学说囫囵吞枣而应用之,亦有不当之处,则又不可不注意者。②

祁森焕也指出,最近二十年,教育学界,众说纷纭,莫衷一是,混乱之余,乃产生出一伟大的统一的学说,则文化教育学(Kultur Pada Gogik)是也。在哲学、伦理学、教育学之名称上,冠以"文化"之形容词,指的是狄尔泰(W. Diethey)一派之教育学说。③ 在狄尔泰看来,教育学是一门精神科学,而不是一种被规范化的僵硬体系,人作为一种历史性的存在,关于人的研究应该也

① 蒋径三. 文化哲学与文化教育学[J]. 教育杂志,1929,31(12).
② 杨人楩. 文化哲学的教育思潮[J]. 教育杂志,1929,21(2).
③ 祁森焕. 现代教育思潮之演进与文化教育学之发生[J]. 河南教育,1929,2(6).

是在特定历史条件下的产物,因此,不能用唯一不变的规范指导变动的教育实践。那些以自然科学为基础的实证主义方法只能掌握到"人"这个存有符号自然法则之一面,而人在本质上应该是精神的、历史的,因此,须用"历史–诠释"的方法对"人"进行充分的理解。换言之,狄尔泰所主张的精神科学教育学理论,是与赫尔巴特规范–演绎式的理论,以及实证主义教育学的立场相对的。

章光涛在他的《现代德意志教育理论之鸟瞰》一文中,介绍了赫尔巴特学派诸学者、新康德学派之社会教育学、人格教育学派、现象学派的教育学、价值哲学派的,以及精神科学之教育学派、心理分析学派的教育学、受宗教影响的教育学,等等,内容较为丰富,对于当时德国教育学的发展可谓一览无遗。同时,章光涛的文章中关于哲学教育学与科学教育学之间关系的看法也较为独特。他在文章的一开头就写道,"哲学这个怪物一方面固受各种新兴科学,例如自然与实用科学之袭制和背叛,另一方面却又获得他们不少必然的拥戴,愈加巩固他原来所占有的科学之地位。教育学在他完成、演进的程序上,虽然和其他科学如心理学、社会学一样,一方面企图摆脱哲学之支配与羁绊,发展独立的性格,但另一方面又急迫需要哲学的协助,在理论上、方法上和原则上,教育学必须树有强固而又确定的基础。我国治教育学者颇多偏重美国实用主义所孕育之教育思想,殊有偏枯之憾,本篇对于这派的理论更觉有较为详尽陈述之必要"。

1939 年中德学会所出版的《研究与进步》杂志首刊的《告读者中》就明确指出,本刊物"负有沟通中德两国文化之使命"。在稿件来源上,本刊的稿件,一部分是由本会会员分担,并且大半是译自德国首都柏林所出版的《研究与进步》(Forschungen und Fortschritte)一种刊物上所载的各项论文的。这各刊物是德国一种纯粹科学定期刊物,所载各项论文,简约精纯,悉属有关精神科学与自然科学一切领域上之最新研究结果与最新发明发现。从 1940 年第 2 卷第 1 期开始,杂志改名为《中德学志》,而之前的"研究与进步"则成了其中的一个版块。这些杂志中有关于德国教育、斯普兰格文化哲学或民族教育观的文章,主要出自王锦第之手。他的文章主要有《文化形态学的研究》(中德学志,1941 第 3 卷第 1 期)、《士榜格的教育与文化思想》(中德学志,1940 第 2 卷第 1 期)、《文化形态学的问题》(士榜格著,王锦第译,研究与进步,1939 第 1 卷第 2 期)等等。王锦弟之文,主要观点正是斯普兰格的民族教育观。他之所以对此主题特别关切,并将斯普兰格相关文章加以翻译,原因在于,从政治、文化、教育等方面来看,民族性问题实在是现今人类生活上一个主要且迫切的问题。王锦弟指出,德国现代思想界认为 19 世纪是唯物史观时代,代替这种思想而与之 20 世纪新思想,则是人类的历史观或民族精神论,每一民族都有他自己的民族性,一切文化现象,特别是教育方面,都要从此出发。

由上可见,20 世纪 30 年代在教育学科学化弊端凸显的时候,文化教育学出现了一定的复苏的端倪,但是鉴于科学教育学的实力依存,且时人对于文化教育学的关注并未形成较大的风气,因此,在当时的格局之下,文化教育学无力撼动科学主义教育学的垄断地位。而且,根据刘蔚之对 1920 ~ 1940 年代德国教育学在《教育杂志》及《中德学志》所显示内容的描述与分析,可以发现,此一时期的中国仍需经由日本与美国认识德国教育学,这种间接的知识转移过程制约着德国教育学传入的主题重点、诠释角度。中国教育学者基于当时弥漫学界的科学主义解释观点,倾向对德国教育哲学或心理学说提出质疑。[①] 虽然这一丝复苏的迹象并未形成燎原之势,但是,它的微弱存在丝毫不影响它的价值。

祁森焕对于当时教育学界科学主义取向与哲学主义取向的现状分析得就十分清晰透彻。在他看来,当时教育界之两大主要思潮,一是立足于经验科学之基础的心理主义,一是超越经验基础的论理主义,换言之,"即经验科学的见地与哲学的见地,互为对峙之局"。此论说可谓一语道破玄机,一针见血地指出了当时教育学界的主要状况。他进一步分析了这种局面产生的历史原因并表明自己的态度。他认为,立足于经验科学之基础的心理主义,之前也是孕育在哲学之中的,教育学亦然,如今脱离了哲学的束缚,舍弃了哲学的假定,以经验科学为指针,阔步迈进,以期完成纯粹经验科学的教育学,因而藉社会学、心理学、生物学作为参考,用实验、观察、统计等自然科学的归纳研究法,通过实证的方式去发现教育原理。譬如,以心理学为基础的实验教育学,就是这样形成的。这一派别的主旨,就在于对教育上的事情采

---

① 刘蔚之. 德国文化教育学在中国的接受与转化:兼述其在日本的传播[J]. 教育研究集刊,2007(9):93 - 127.

取事实性分析的归纳的研究,的确可以补救以往哲学教育学的一些弱点。然而这种经验科学的研究法,也并不是十分地圆满,原因则在于,实验观察统计、归纳的研究法,特殊因果之关系等方法,在对于人的一些精神现象的研究中,除了单纯的因果关系之外,不能发现任何教育能够援据的法则,而且那些从根本上加大教育价值之陶冶的影响的方法,也并非只是由于时间关系而形成的。因此,科学的研究若欲与哲学绝缘独行,结果肯定不无遗憾。自然科学的研究,不能获得的那些教育要素,则从属于哲学的教育学之内容。那些立于哲学基础上的教育学说,采取思索的论理的方法,承认教育学理念与哲学之间的密切关系,恰好可以弥补科学研究方法的不足。结合上述的这些分析,祁森焕最终得出了自己较为中肯的结论,即哲学的教育学与科学教育学之间是相辅而行的,倘若人生与教育必定要表明他们的问题,那么,二者都是必要的,既不能以此代彼,也不能僵硬地将二者相比较。世界上的问题是无止境的,而精密的科学方法无法同其对敌人,这也就意味着哲学教育学的将永远与之并存。①

第三节　政治的压倒性力量

1927 年之后,中国国内的政治形势发生了两个重要的变化:一是长期的军阀割据的局面结束,以蒋介石为首的南京国民政府成立;二是第一次国共合作破裂,共产党领导了一系列的起义,建立了自己独立的苏维埃政权和根据地。南京国民政府致力于推行"三民主义教育",共产党则在自己的根据地推行"新民主主义教育"。②三民主义教育学、新民主主义教育学可以看成是 20 世纪 20 年代末之后至抗日战争爆发前国家主义教育理想的新形式。然而,这两者之间的冲突多是在学术网络的外部发生的,而不是出于关于学术自足和独立的斗争。同时,他们的发展状态完全取决于其所依附的政党的存在,一荣俱荣,一损俱损。在国共两党对抗和斗争的 20 多年间,中国教

---

① William H. Kilpatrick. 教育学中哲学与科学的关系[J]. 张善安,译. 湖南教育,1929(13).

② 石中英. 20 世纪教育中的国家主义:回顾与讨论[J]. 教育学报,2011(06):3 – 13.

育学界也"经历了一场两种教育命运的大决战"①。最终,在以共产党为首的新民主主义革命的大获全胜中,新民主主义教育学主导了整个教育学术空间,三民主义教育学销声匿迹,而其他两种取向的教育学则在缝隙中探寻着各自新的发展空间。

一、三民主义教育学

以孙中山为代表的资产阶级民主派建立了政权后,新国家的建立,急需开展国家主义教育,通过国家主义教育来推行三民主义学说,培养共和国民,使新政权合法化。② 1929 年第 26 期的《广东党务》上介绍了《三民主义化的教育的两要义》,文中不仅道出了三民主义教育的由来,而且对其进行了整体上的总结,主要内容是:自从美国一派的教育理论流入我国以来,只知提倡学者个性与天才的发展,遇事只知有实用主义,其结果在脆弱的青年脑筋上,格外发达了个人主义与功利思想却把个人本身与整个社会的根本关系忘记了,更不去就整个社会永久共的方面,求负什么责任。这样的教育主张,其不切合于我国家民族的需要,不切合于三民主义化,至为明显。本党第三次全国代表大会议决教育宗旨是——中华民国之教育根据三民主义以充实人民生活,扶植社会生存,发展国民生计,延续民国生命为目的,务期民族独立,民权普遍,民生发展,以促进世界之大同。这是整个的三民主义的教育观。

范琦在他的著作《三民主义教育原理》中更是一语道破根本,指出三民主义教育原理都是"根据孙中山先生遗教及演说集而叙述的",即把中山先生的三民主义及博爱大同思想,适用到教育上去。三民主义,是个博大无所不包的革命原理,三民主义教育,也是包括一切主要教育学说,及现今主要教育思潮而有之的,范围之广,真是前古所未有。且于教育学说思潮之外,更含有政治经济等性质。故三民主义教育原理,即为革命的教育原理,也无不可。③ 民国二十九年(1940 年)九月三日,在第三届中央执行委员会的第

---

① 李涛. 论近代知识分子的文化转型:以晚清民国教育家群体为例[J]. 辽宁师范大学学报(社会科学版),2003(04):91 – 95.

② 石中英. 20 世纪教育中的国家主义:回顾与讨论[J]. 教育学报,2011(06):3 – 13.

③ 范錡. 三民主义教育原理[J]. 上海:民智书局,1929.

157次常务会议上,通过关于三民主义的教育原则,其中的核心概括起来就只有一句话,那就是"一切以三民主义重要的观念为中心"。

在与对手的争论中,朱庭祜通过对卢梭和罗素的自由主义教育思想产生的社会根基进行了分析,以此为三民主义的合法性进行辩护。他认为,虽然卢梭和罗素都主张教育不应受国家的任何拘束,应以发展个性、养成健全人格为前提,但是研究一个人的言论,要注意他的时代和环境。卢梭一生处于逆境的,从他心目中看出来当时社会和国家,都是虚伪的、残酷的、不合理的,所以他就有这极端的、个人主义的主张。至于罗素,他是生长在政党政治的英国的。在政党政治的国家,政府对于人民只能负施行教育的责任。一切教育上的主张当然留待人民自决。

端木恺在一次暑期研究会上的演讲中讲道,"三民主义教育已经成了一个很普通的名词了。现在的各学校没有不是说在那里实行三民主义的教育的"。而且,他清楚地道出了三民主义与教育之间的关系,指出:"三民主义是政治思想,教育是社会事业,但是社会与政治有密切的关系,所以教育与政治也有密切的关系。政治不能离开教育,教育也不能离开政治。政治所需要的人才,要靠教育养成!教育所传播的思想,要受政治的限制。"也就是说,三民主义是一种党义教育,目的是为了达到政治的目的,而非学术目的。[①]

至于"三民主义"和"党化教育"之间的关系,朱绍曾认为,在三民主义教育的名称以前,曾有所谓党化教育者,实则这原是二而一、一而二的东西,本没有什么多大的区别,不过后者较前更显明些罢了。若就"党化教育"来解释,应该有两种意义:第一是属于广义的,是对于一般国民而言;第二是属于狭义的,是对于少数党员而言。[②]

关于"儿童中心教育"与"三民主义教育"的关系,朱绍曾解释到,所谓教育,本来就包含着成就自我个性与社会性的双重目的,儿童中心教育属于前者,三民主义的教育属于后者,因此,二者是并行不悖的。此外,他还列出了三条理由以证实自己的结论:第一,国民党对内政策十三条,载着"厉行教育普及以及权利发展儿童本位之教育";第二,儿童教育的最后一个阶段,要

---

① 端木恺.为什么要讲三民主义的教育学[J].首都教育研究,1930,1(2).
② 朱绍曾.儿童中心教育与三民主义教育[J].大夏期刊,1932(3).

以教育与生活打成一片,便是证明其非个人主义的教育了;第三,由个人与社会的关系上,个人是社会的份子,社会是个人的总体。①

1927 年,国民党在南京建立了一党专制的国民政府,不久又公布了三民主义教育方针,一党专制的需要及三民主义教育方针的确立,更进一步打击了实用主义教育思想。自此,往日那如火如荼的实用主义教育思潮的盛景已不复见。②

刘蔚之通过对比较教育领域两篇论文的分析后认为,在 1922 年时,哥大师院返国学生主导中国新学制,还自认深受杜威影响,主张教育没有外在目的,甚至宣称中国教育没有宗旨,到了 10 年之后,哥大师院却已有中国学生主张教育应由政治家而非教育家主导了。刘蔚之判断,这两篇论文清晰地反映出了时代的重大变化,可以说由 20 世纪 20 年代的乐观启蒙一转而为激进救亡的分水岭。两篇论文共同反映美国经济大恐慌之后哥大师院内教育哲学趋势之重大翻转,社会重建派开始对此前风行的儿童中心教育理论展开强烈反省与批评,强调教育之社会与民族面向以及教育的社会引导与重建功能;另一方面或许也反映中国由 1919 年五四运动后乐观学习西方民主与科学,但在 1928 年进入训政时期后,儿童中心的进步主义教育受挫,三民主义大兴以及内忧外患日趋紧迫下关心教育与民族重建的时代氛围。③

二、新民主主义教育学

"五四"提倡个人主义,提倡批判传统,但是到了"五卅"(1925),思想界已明显地由批判传统转移到批判反帝国主义,从个人主义的立场转移到反个人主义的立场。对于 1840 年代以来所追求的"富强"也产生了根本的怀疑,转而反对资本主义(富)与帝国主义(强)。以俄国为代表的另一个"西方"吸引了许多新知识分子的注意力,而新文化运动所争论的许多盘根错节

---

① 朱绍曾.儿童中心教育与三民主义教育[J].大夏期刊,1932(3).

② 周洪宇,向宗平.杜威教育思想在中国的传播及其影响[J].河北师范大学学报(教育科学版),2001(02):59-65.

③ 刘蔚之.哥伦比亚大学师范学院中国博士生"教育基础理论"领域论文的历史意义分析[J].教育学报,2014(05):85-97.

的问题,皆可以用一个更犀利有效的武器来解决,那便是马克思主义。[①]

由于五四运动的激烈争论而最后出现了三条解决现代中国问题的途径——自由主义、马列主义和新传统主义。民族主义自然是五四时代主导的激情,但它并不是一种独立的思潮,而是一种弥漫并制约所有三种途径的普遍倾向。在随之发生的剧烈冲突中,自由主义和新传统主义终于挫败,而马列主义则取得了胜利。[②]

新民主主义教育则是中国共产党在新民主主义革命时期提倡的,它是随着五四新文化运动所带来的马克思列宁主义而进入中国的。当时俄国十月革命的胜利,让中国人在俄国看到了未来的希望而产生了巨大的共鸣,也为国人接受马克思主义开辟了道路。一批共产主义人士开始纷纷向国内介绍马克思主义的思想,苏联的教育理论与实践也在这一时期大量传入。随着马克思主义思想的传播和扩散,一些人开始试图用马克思基本方法来阐述教育问题。在译介苏联教育方面不遗余力的主要人物有杨贤江(李浩吾)和钱亦石。《新青年》成了俄国教育在中国传播的主阵地,而且还创办了"俄罗斯研究专栏",1919 年第 1 卷第 1 期中,就有《俄国教育近况》的介绍,1920年第 8 卷第 4 期刊的《苏维埃的教育》《俄罗斯的教育状况》,1921 年第 8 卷第 5 期的《俄国底社会教育》等。除此之外,《时事旬刊》《中国青年周刊》《北京大学学生周刊》等都有对于俄国教育的零星介绍。《教育杂志》从第 5卷到第 23 卷就刊发译介了有关苏俄教育的专文 17 篇。[③]

马克思教育思想的导入,也主要是以破为主,即通过对当时流行的"教育神圣说""教育清高说""教育中正说"以及"教育独立说"等进行批判,认为这些都是些"谬误",它们试图通过超越政治、超越阶级的方式来掩盖教育的本来面目,达到欺蒙、麻醉广大劳动人民的目的。在教育的性质上,他们运用历史唯物主义的观念,从经济基础和上层建筑的关系上阐明了教育不

---

① 王汎森. 中国近代思想与学术的系谱[M]. 长春:吉林出版集团责任有限公司,2010:275.

② 史华兹. 思想的跨度与张力:中国思想史论集[M]. 王中江,译. 郑州:中州古籍出版社,2009:211.

③ 周谷平,徐立清. 马克思主义教育学中国化历程初探[J]. 教育研究,2002(10):19 - 23.

能脱离政治经济发展,教育具有历史性和阶级性。① 欲成为主导力量,则必须战胜所有"敌人",这主要表现为以下几个方面。

首先,挥代英、肖楚女等人对于余家菊国家主义学说进行了激烈的批判。批驳者与提倡者的分歧不在于要不要开展国家主义教育或要不要培育青年人的爱国精神,而在于要青年人爱一个什么样的国家、教育能不能救国以及国家主义与国际主义的关系等根本问题上。②

其次,对于杜威教育学说的批判。林青之指出,"我们已经知道杜威的教育哲学是求与社会适应,而不求改革的功利主义个人主义哲学,而中国今天所需要的却是要培养一种积极改革精神的解放斗争教育。所以,很明显的,杜威这种教育决不能适合今日中国了。……假如现在欲以杜威这一套教育哲学来和中国社会结婚,这无疑是想把中国社会拖入一条悲惨的狭路,阻碍着新中国的发展! 今天中国社会是在执行着反帝反封建以求建立新民主主义社会的任务,那么,它无疑的应该真正反映出一种为建立一种新民主主义新中国的本位教育!"③

第三,对于"旧民主主义"的批判。人民政协共同纲领第四十一条,明确规定:中华人民共和国的文化教育为新民主主义的,即民主的、科学的、大众的文化教育。毛主席在他的创时代的巨著《新民主主义论》中曾总结说明,所谓新民主主义的文化,一句话,就是无产阶级领导的人民大众反帝反封建的文化,它反对帝国主义压迫,主张中华民族的尊严与独立的;是科学的,它是反对一切封建思想与迷信思想,主张实事求是,主张客观真理,主张理论与实践一致的;是大众的,因而即是民主的,它应为全民族中百分之九十以上的工农劳苦民众服务,并逐渐成为他们的文化。④ 当新民主主义出现了,之前的民族形式便必然变成"旧的"民族形式,不适合新社会需要的民族形式,不能为劳动人民大众服务的,且终究要被淘汰的民族形式。

徐特立也对"旧民主主义"进行了批判,并在文章中清晰地指明了民主

① 顾明远. 从新民主主义教育到社会主义教育:纪念中国共产党成立 90 周年[J]. 教育研究,2011(07):3-10.

② 石中英. 20 世纪教育中的国家主义:回顾与讨论[J]. 教育学报,2011(06):3-13.

③ 林青之. 杜威教育哲学在今日之中国[J]. 学习,1940,2(10).

④ 陈启肃. 新民主主义教育内容初研[J]. 中华教育界,1950,4(12).

主义教育的宗旨,即"中国国民文化与国民教育的宗旨,应当是新民主主义的。就是说,中国应当建立自己的民族的、科学的、人民大众的新文化与新教育"。对于外国文化,应当尽量吸收进步的文化,以为中国文化运动的借镜(有计划地翻译苏联及资本主义国家关于教育制度、教学方法及课本等等,以做参考)。应当以中国人民的实际需要为基础,批判地吸收。对于中国古代文化,同样,既不是一概排斥,也不是盲目服从,而是批判地接受它,以利推进中国的新民主主义文化。

在1949年的教师节,某中学的一位教师这样写道:"东北全部解放后,教育工作的主要任务,是适应革命胜利形式的要求,为新民主主义中国的建设事业,培养各种人才。这是目前的伟大革命任务,尤其是学校要求走向新型正规化的今天,我们每个教育工作者都要有最大决心和坚强的意志来执行和保证完成这个任务。"①还有一位教师也发出了这样的呐喊:"努力吧,同志们:尽自己的力量为人民服务的时机已经到来了,咱们一同向着培养新后代的伟大目标而努力吧!我将尽我自己可能尽的一切力量,完全使用到新民主主义的教育事业上。并向工农群众来学习,树立自己的劳动观念,虚心接受群众意见,改正自己的缺点,完成上级给我的学习任务。同志们:咱们要团结在共产党的鲜明旗帜下,手拉着手,肩并着肩,坚强我们的信念,勇往向前!在这伟大的时代里,在这翻天的革命浪潮中,把自己投入建设新中国的教育事业中去,完成伟大的历史任务,这是无上光荣的了。"②

因此,在30年代之后教育学关注点的转向潮流中,各个支流在自身的建设中,都体现出认知因素远远弱于情感因素的表现,情绪化色彩的浓厚导致理性思考不足,从而造成"批评有余,建设不足"的结果。换句话说,它们虽然都在努力地批评对手,却没有成功地树立起自己思想阵营的旗帜。当这股情感能量没有更进一步支撑的时候,便开始淡化甚至消失。没有了情感能量,没有足够的文化资本积累,没有相应的组织支持,最后的结局只能是逐渐走向殒殁。

① 王世田.为新民主主义教育事业服务到底[J].东北教育,1949(3).
② 李修愚.教师节日的感想[J].东北教育,1949(3).

第六章　总结与反思

　　因为所有的历史都是一种想象式重构,建立在对过去的不可避免的不完整和解释性的记录的基础上。因此,人们可能会写出一段与我所写的截然不同的历史。

——拉格曼《一门捉摸不定的科学:困扰不断的教育研究的历史》

　　教育学知识的生产,不是研究者的主观期待可以实现的目标,而是社会进步与学术研究的自身演变之下共同"雕塑"而成的作品。在文章的结尾,笔者欲分别从"学人互动与知识生产"以及"学术与政治"两个方面对本研究进行总结和深化。本研究表明,一方面,学人互动与知识生产之间有着密切的相关性,学人之间的交往状况会对学人知识生产的内容、方式和结果等产生影响,其中,学术观念的冲突则是知识生产的根本源泉,因此,应该形成高度自律、有规则、负责任的知识共同体来保障学人之间的正常、有效的互动。另一方面,政治力量这只"看不见的手"却从未放弃伸入学术界的动作,外在的政治力量会降低学术知识生产的自由度,虽然并不必然造成知识的停滞,然而这种生产却不是由学术领域内部的网络结构所激发的。学界中人负隅顽抗,即便不能一刀砍断它,却正是"独立之精神"的充分展现。[①] 最后,笔者借用人类学家克罗伯(Alfred L. Krobeber)"天才为何成群地来"这一问题进行回答与反思。"为关注空间而竞争的网络结构"决定着教育学界知识的创造,决定着教育学知识发展的故事情节。在网络角逐最为拥挤和激烈之处,便是"天才成群"出现的时刻。

---

① 潘光哲.何妨是书生:一个现代学术社群的故事[M].桂林:广西师范大学出版社,2010:13.

第一节 学人互动与知识生产

学术世界是一个庞大的社交世界,人们不时地以面对面的仪式以及写作来交流文化资本。① 学人之间的交往和互动是学术生活的常规部分,学术观点的冲突则是知识生产的源泉。在竞争最为激烈的时刻,网络既能激活创造能量,又能切断创造能量,就像电场断了电流一样。从一开始,网络就是在由冲突编织的杰出的师生链条中组织起来的。② 学人之间的交流状况会对学人知识生产的内容、方式和结果等产生影响。正如柯林斯所说的"思维的可预见性"一样,他认为知识分子的思维是有迹可循的,而且在一定的情况下,一个人的语言和思维是可以预见的。思维作为一种更集中更内在化的对话,是我们同他人的交谈的一种反映,若将这一前提与互动所产生的情感能量理论结合在一起,我们就可以说学人之间的互动仪式链条的流动不仅决定着谁具有创造性和什么时候进行创造,而且决定着他们将创造什么。③ 同时,柯林斯将学术冲突和分歧视为学术生活的能量源泉。新鲜血液的输入和各种观点之间的差异会激发出更大创造性。没有了互动,学界就成为一潭死水。

雅斯贝尔斯在(Karl Jaspers)在《大学的理念》一书中也指出,为了圆满地完成"研究、传播知识和文化教育"这些工作,思想者必须进行相互交流。大学是知识生产的场所,大学的理念在本质上要求交流的存在,不仅要有不同学科层次上的交流,而且要有不同个人层次上的交流。④ 交流既是学者的义务,又是学者的责任。而且,雅斯贝尔斯也认为,只有当双方的观念相冲突的时候,才会有真正的交流。反之,当大学成员彼此之间谨小慎微地断绝来往的时候,当交流变成仅仅是一种社交礼节的时候,当实质的精神联系被

---

① 柯林斯. 哲学的社会学:一种全球的学术变迁理论:上[M]. 吴琼,等译. 北京:新华出版社,2004:19.

② 柯林斯. 哲学的社会学:一种全球的学术变迁理论:上[M]. 吴琼,等译. 北京:新华出版社,2004:526.

③ 柯林斯. 哲学的社会学:一种全球的学术变迁理论:上[M]. 吴琼,等译. 北京:新华出版社,2004:51.

④ 雅斯贝尔斯. 大学之理念[M]. 邱立波,译. 上海:上海人民出版社,2007:97.

日常俗套弄得模糊不清的时候,大学的精神生活就要开始走下坡路了。①

　　科学知识社会学研究也表明,科学知识的建构和共享很大程度上依赖于私人间的交流与合作。② 齐曼在他的《真科学》(real science)一书中更是消解了默顿"学院科学"的范式。在默顿那里,科学知识的生产是由一群独立专家组成的专业科学共同体进行的,而齐曼则证明,科学知识那些熟悉的"哲学"特征与日常认知能力以及科学知识生产者之间奇特的社会关系难分难解。③ "科学独行侠"的做法已经完全过时了。因而,这就要求知识分子不仅善于从事自己本领域的研究,而且还要学会与各种各样的社会利益集团打交道,同时也必须学会协调自己与同伴们的关系,从而形成能够满足客户需要的研究力量。④

　　可见,思想的生命力在于人与人之间的交流,学人交往是知识生产的基本形式,知识就源自于学人之间持续交往的社会实践与建构。"交往"与"建构"二者之间,"交往"是"建构"的形式与条件,"建构"是"交往"的内容与目的。⑤ 城市的出现,社会流动的加强以及救国的强烈需求使得近代教育学人通过利益联结、优势互补的方式聚积在一起,形成一个有机的交往网络。每一个人都是网络中的一个结点,他们通过直接或间接、正式或非正式的交流互通信息、互相协助,共同进行着教育学知识的生产与再生产。"互动"的形式则包括师生联系、朋友式的联系、一些可能的联系、冲突性的联系以及攻击方向等,这些构成了柯林斯互动仪式链的"骨架",散布在全文的各个章节。同时,学人互动也包括学人的自主交往,即一种向内的反省与反思,是一种对意义的寻求,具有独处性、批判性等特征。学人互动的情境性、地域性、地方性、个人性、特殊性、功利性等,都会以一定的方式呈现在知识中,影响知识生产的过程与结果等。

　　与世隔绝的哲学家个人是不可能提出新的问题或发现新的解决问题的

---

　　① 雅斯贝尔斯.大学之理念[M].邱立波,译.上海:上海人民出版社,2007:99－100.
　　② 于汝霜.高校教师跨学科交往研究[D].上海:华东师范大学,2013.
　　③ 齐曼.真科学:它是什么,它指什么[M].上海:上海科技教育出版社,2008:3.
　　④ 石中英.知识增长方式的转变与教育变革[J].教育研究与实验,2001(04):1－7.
　　⑤ 陈秀兰.走向师生自觉交往中的建构:我国大学教学改革的理性思考[J].高等教育研究,2007(04):51－57.

方式的,①教育学知识的建构只能通过互动来实现,不是个人建构知识,而是在整体互动中建构知识。在不同个体或群体的互动过程中,会形成不同的知识形态。哪一种知识形态占据主流位置,不是由知识的本质所决定的,而是由社会结构所决定的。舍勒也曾说过,不同种类的知识是受群体的特殊形式所限定的,譬如,柏拉图理念论的内容的产生需要有柏拉图式的学院这种组织形式。②

最后,值得注意的是,学术界不是一个真空的世界,学术界也有着自己的"风土人情"③。即使纯属学术事务,如果缺少最为基本的规范标准和制度规范,单纯依赖学者之间自律的互动,并不见得就更为可靠。④ "学者也可能破坏学术自由"⑤,学人之间的互动也会导致"马太效应""门户之见"等现象的出现。因此,在教育学界内部有必要通过制度设计等方式打造一个有共识、高度自律、有规则、负责任的知识共同体,这些刚性的制度并不必然与学术界崇尚自主、自由的精神相冲突。制度设计的目的在于排除非学术型因素的干扰,保障学人之间公平、有效的互动。只有这样,教育学知识生产才能出现真正的繁荣。

第二节　学术与政治

学术与政治的关系,可谓是一个老生常谈的话题。在这方面,最为著名的当属马克思·韦伯著名的《学术与政治》一文了。然而,韦伯的那种德国精神贵族式的学术教育,有着深刻的德国印迹,韦伯的论述只能成为我们借以不断反思自我的"他者"。因为,如果说西方的学术精神在于追求纯粹真

---

① 柯林斯.哲学的社会学:一种全球的学术变迁理论:上[M].吴琼,等译.北京:新华出版社,2004:92.

② 默顿.社会理论和社会结构[M].唐少杰,等译.南京:译林出版社,2006:707.

③ 比彻,特罗勒尔.学术部落及其他领地:知识探索与学科文化[M].唐跃勤,等译.北京:北京大学出版社,2008:47.

④ 阎光才.精神的牧放与规划:学术活动的制度化与学术人的生态[M].北京:教育科学出版社,2011:49-50.

⑤ 袁征.孔子·蔡元培·西南联大:中国教育的发展和转折[M].北京:人民日报出版社,2007:299.

理的话,那么中国的学术精神则重在伦理与社会责任。

政治与学术,在理论上看,它们明显属于完全不同的两个领域,有着各自不同的游戏规则。蒋梦麟在1933年的时候,就对于政治与学术的关系发表过深刻的见解,当时他指出,随着政治的愈趋纷乱,教育上倍受打击,因此,数年前"只讲教育,不谈政治"的迷信,也被渐渐打破。[①] 政治界希望知识界能帮助他们解决政治问题,减少他们的切肤之痛,而知识界答复他们的,则是先改良社会,或发展学术、科学、思想等等。[②] 知识界与政治界的关系,若以纯粹理论学去辩论,是达不到断语的。"我们只好说,鸡是蛋所生的,蛋亦是鸡所生的。有了好鸡,自然能生好蛋;有了好蛋,自然能生好鸡。善养鸡的,择好鸡来生好蛋,择好蛋来生好鸡,两面都要做的。也就是说,社会能影响政治;政治也能影响社会。社会能影响学术;学术也能影响社会。无论哪一方面做起,都是有效的"[③]。可见,若一味从学理上去看待这个问题,则真可谓蒋梦麟所说的那样,是"循环往复"的,没有断论的。

然而,在现实中,政治与学术之间却由于种种原因而牢牢纠缠在一起。中国近代有一个明显的趋势,即是无所不在的国家化、政治化,公共领域如此,思想、学术如此,即使日常生活也有逐步政治化的倾向。就现实层面来看,在中国传统读书人理念中,官本位的思想,以及重术轻学的倾向是普遍存在的,知识是作为一种工具而存在。即使在蔡元培等人对于大学应当追求高深学术的号召之下,那种为"知识而知识"的理想追求也未全部付诸实践。[④] 知识人与政治人自古以来就是中国读书人身上两种缠绕的角色。[⑤]"已是新人之身却常怀旧人之心",是民国初年知识分子的一个常态。以新文化运动时期"暴得大名"的胡适为例,他虽已是现代意义上的知识分子,思想中却不时流露出传统士人以天下为己任的印迹。[⑥]

---

① 蒋梦麟. 过渡时代之思想与教育[M]. 上海:商务印书馆,1933:184.
② 蒋梦麟. 过渡时代之思想与教育[M]. 上海:商务印书馆,1933:87 – 88.
③ 蒋梦麟. 过渡时代之思想与教育[M]. 上海:商务印书馆,1933:88 – 89.
④ 周谷平,张雁,孙秀玲,等. 中国近代大学的现代转型:移植、调适与发展[M]. 杭州:浙江大学出版社,2012:36.
⑤ 胡金平. 学术与政治之间:大学教师社会角色的历史分析[D]. 南京:南京师范大学,2005:173.
⑥ 周谷平. 近代西方教育理论在中国的传播[M]. 广州:广东教育出版社,1996:87.

学术与政治之间的不可分,使学人们又深陷矛盾之中。萨义德在《知识分子论》中,更是引用 20 世纪的大作家热内的话讲道,"在社会发表文章的那一刻就已经进入了政治生活;所以如果不要涉及政治,那就不要写文章或发表意见"①。在萨义德(Edward W. Said)看来,不存在那些所谓的纯粹的个人知识分子,因为你的文字一旦公开发表,那么,那就已经进入了公共世界。因而,一个起码的事实是,"埋头著书不问政治"其实也是一种政治姿态;在现代社会中,谁也无法保证学术不与政治"自动挂钩"。② 特别是在学术与政治、市场联系愈来愈密切的今天,纯粹的知识追求只能作为一种理想而存在。"更何况,在当今大科学时代,离开了外部力量的支持,学术人也难有大成"③。都兰(Alain Touraine)在分析美国学术系统时指出,如果学术系统仅仅按其内部逻辑来运行,那么它就失却了其自身的动力,因为内部权力无法处理它与环境的关系。与外部隔绝,就意味着它与外部社会渐行渐远,在极端的情况下,其能否存在都成问题。④

可见,学术与政治之间的关系越来越无法分割。既然无法做到"上帝的归上帝,凯撒的归凯撒",那么,如何在这样一种体制中更好的生存,就显得尤为重要。而这些,最终则诉诸个人对于思想独立的坚持。毕竟,思想、知识永远是个人的。

第三节　天才为何成群地来

人类学家克罗伯(Alfred L. Krobeber)曾问过这样一个问题:为什么天才成群地来(come in a cluster)?

台湾学者王汎森认为,在史学的历史发展中,1890 年代的中国则印证了"天才成群地来"这句话。他指出,这批人都是集学术、组织、鉴赏力及霸气

---

① 萨义德. 知识分子论[M]. 单德兴,译. 北京:生活·读书·新知三联书店, 2002:93.

② 陈平原. 中国现代学术之建立:以章太炎、胡适之为中心[M]. 北京:北京大学出版社, 2010:148.

③ 阎光才. 精神的牧放与规训:学术活动的制度化与学术人的生态[M]. 北京:教育科学出版社,2011:75.

④ 阎光才. 精神的牧放与规则训:学术活动的制度化与学术人的生态[M]. 北京:教育科学出版社,2011:78.

于一身的人,他们都有长远的学术眼光,对史学发展有一个整体的观点,而且他们都主张跨学科的合作,也都在一个动荡、资源并不丰厚的时代环境中,成功地聚合各种资源,并尽可能地将一流人才聚集在一起开创了一个学派。①

湘乡曾文正有《原才》篇,大意说,人才来自风气,而风气则源自心术。往往由于一二人心之所向而形成一时之风气,而陶铸一时之人才。……风气必由少数人提倡,得多数人响应,逮于众之所趋,势之所归,蔚然成风。一切人才皆由此出,学术人才自不例外。②

《南渡北归》的作者岳南认为:民国大师的产生需有两个不可或缺的条件:政治生活与文化氛围的宽松自由,以及在这种宽松自由之下产生的如陈寅恪先生所倡导的"独立之精神,自由之思想"。③ 陈华文也据此而推论,认为有三个因素决定了民国大师的集体出现:一是人才的培养与回归,二为学术交流之畅通,三位学术成就之关键——学术自由。④

此外,也有人将这些学术上的成功归于运气,譬如,马克思·韦伯(Max Weber)就认为,"一个讲师,更不用说助教了,他是否能够升为正教授,其或当上学术机构的首脑,纯粹是受着机遇的左右。在这里,运气当然不是唯一的决定因素,但它确实起着不同寻常的作用。我几乎无法想象还有哪个行业,运气在其中起着这样重要的作用。我尤其可以说这样的话,因为我在相当年轻的时候便被聘为一门课程的正教授,我将这归因于纯粹的运气,而在这门课程上,我的一些同龄人无疑取得了比我更多的成就"⑤。在他看来,学术生涯是一场鲁莽的赌博。

然而,通过柯林斯的理论以及全文的分析,我们可以看到,教育学界如同所有的学术圈一样,都是一个有着严格分层的空间结构,能够进入关注空间的网络核心的人是很少的。决定哪些人能够进入中心的因素也绝非是天才自身的所为,而是取决于"为关注空间而竞争的网络结构",是它决定着教

---

① 王泛森.中国近代思想与学术的系谱[M],石家庄:河北教育出版社,2001:385.

② 钱穆.中国学术通义:新校本[M].北京:九州出版社,2012:264.

③ 王国平."为什么天才成群地来?":访《南渡北归》作者岳南[J].博览群书,2014,(02):56-62.

④ 陈华文.大师们为什么成群地来[J].生活教育2012,(09):90-91.

⑤ 韦伯.学术与政治:韦伯的两篇演说[M].冯克利,译.北京:外文出版社,1997:5.

育学界知识的创造,决定着教育学知识发展的故事情节。这些关注空间的网络往往集中在某些高峰,因而人们必须为占据这个高峰进行不断的斗争。这些斗争以及使这些极少数的高峰相互联系的条件,才是学术生活的实质。① 而且,结构角逐是网络拥挤和冲突所激发的创造性的模式。出名的人物,半出名的人物以及昙花一现的人物,全都处在网络激发的情感能量达到最高点的地方。在结构群相互最激烈地对立的时候,创造性是关注空间的摩擦力。最有影响的创新就发生在垂直和水平层面网络拥挤都达到最大,创造性冲突的链条已构成几代不破的链条的地方。② 想必,这也是"天才为何成群地来"的一种解答吧。在柯林斯看来,在争夺网络高峰的斗争中,"几乎所有的人都是失败者","被遗忘几乎是所有知识分子的命运"。③ 当然,柯林斯也认为自己的这些说法有些消极,甚至让人有一种"宿命论"的悲观感觉,但柯林斯告诉我们,我们也可以从不同的方向去理解这种状况。积极的理解方式便是,既然如此,那也就说明"我们所有的人,从明星到旁观者,都是同一力场的一部分。把我们联系在一起的网络形成和分配着我们的思想和能量。我们和康德、维特根斯坦、柏拉图是由同样的材料构成的……明星毕竟是少数,因为在这种网络中的关注焦点是整个网络的极小部分。处于中心成为我们所有人的关注焦点的那些人本质上与我们并没什么不同。我们全都是由乡土的材料构成的;我们通过相互作用而成就为自己"④。最终,所有的讨论又回到了"互动"这一根本方式上。

讨论至此,答案已经明了了。因而在论文的最后,笔者也无意提出一些类似于"上帝话语"的神圣语句,提出未来的应然方向。本文也只是身处"迷宫"中自己的一些困惑和思考罢了,能解决自己的疑惑,全文也算是有点价值了,这就足矣。教育学界的未来将会发生什么,没有人能够给出明确的或

① 柯林斯. 哲学的社会学:一种全球的学术变迁理论:上[M]. 吴琼,等译. 北京:新华出版社,2004:89.
② 柯林斯. 哲学的社会学:一种全球的学术变迁理论:上[M]. 吴琼,等译. 北京:新华出版社,2004:86.
③ 柯林斯. 哲学的社会学:一种全球的学术变迁理论:上[M]. 吴琼,等译. 北京:新华出版社,2004:90.
④ 柯林斯. 哲学的社会学:一种全球的学术变迁理论:上[M]. 吴琼,等译. 北京:新华出版社,2004:90.

令人信服的回答。只有每一个教育学人,通过自己的存在,在自己的行动中,才能回答这一问题。费希特(G. Fichte)在《论学者的使命、人的使命》一书中也指出,"每个人的使命就是充分发挥自己的天资",而学者作为人类的教师,"应当成为它的时代道德最好的人,他应当代表他的时代可能达到的道德发展的最高水平"。[①] 在教育学未来之路的选择中,端赖于每个人的选择与眼光,此乃无疑义焉!

　　最后,以钱穆先生的话共勉之。钱穆先生认为,做学问一要有"智慧",二要有"功力"。以功力来培养智慧,以智慧来指导功力,二者循环相辅前进。在入门阶段,读人人必读之书,以前人之功力来培养自己之智慧;在"开堂"阶段,由自己之智慧来体会前人之功力,以自己之心来证发前人之心;最后在"成学"阶段,则用自己之功力来完成自己之智慧;,以达到忘我境界。[②] 总之,"盼我们各自下苦心,努力为人,自己寻向上去,乃是一条人人该走的路"[③]。

---

① 费希特.论学者的使命、人的使命[M].梁志学,沈真,译.北京:商务印书馆,1984:45.
② 钱穆.中国学术通义:新校本[M].北京:九州出版社,2012:282 - 302.
③ 钱穆.中国学术通义:新校本[M].北京:九州出版社,2012:339.

参考文献

一、著作

[1]埃茨科威兹.三螺旋:大学·产业·政府三元一体的创新战略[M].
周春彦,译.北京:东方出版社,2005.

[2]艾恺.世界范围内的反现代化思潮:论文化守成主义[M].贵阳:贵
州人民出版社,1991.

[3]巴伯.科学与社会秩序[M].顾昕,等译.北京:生活·读书·新知三
联书店,1991.

[4]柏克.知识社会史:从古腾堡到狄德罗[M].卢建荣,贾士蘅,译.台
北:麦田出版,2003.

[5]鲍曼.全球化:人类的后果[M].郭国良,徐建华,译.北京:商务印书
馆,2001.

[6]北京图书馆.民国时期总书目(1911—1949):教育·体育[Z].北
京:书目文献出版社,1995.

[7]比彻,特罗勒尔.学术部落及其他领地:知识探索与学科文化[M].
唐跃勤,等译.北京:北京大学出版社,2008.

[8]波兰尼.个人知识:迈向后批判哲学[M].许泽民,译.贵阳:贵州人
民出版社,2000.

[9]波兰尼.巨变:当代政治与经济的起源[M].黄树民,译.北京:社会
科学文献出版社,2013.

[10]波普尔.通过知识获得解放:波普尔关于哲学、历史与艺术的讲演
和论文集[M].范景中,李本正,译.杭州:中国美术学院出版
社,1996.

[11]博克.走出象牙塔:现代大学的社会责任[M].徐小洲,陈军,译.杭
州:浙江教育出版社,2001.

[12]布迪厄,华康德.实践与反思:反思社会学导引[M].李猛,李康,译.北京:中央译出版社,2004.

[13]布尔迪厄.国家精英:名牌大学与群体精神[M].杨亚平,译.北京:商务印书馆,2004.

[14]布鲁贝克.高等教育哲学[M].郑继伟,等译.杭州:浙江教育出版社,1987.

[15]布鲁尔.知识和社会意象[M].霍桂桓,译.北京:中国人民大学出版社,2014

[16]布罗斯.发现中国[M].耿昇,译.济南:山东画报出版社,2002.

[17]陈德林.西欧中世纪后期的知识传播[M].北京:北京大学出版社,2009.

[18]陈东原.中国教育史:上、下册[M].福州:福建教育出版社,2009.

[19]陈桂生."教育学视界"辨析[M].上海:华东师范大学出版社,1997.

[20]陈桂生.教育学的建构[M].增订版.上海:华东师范大学出版社,2009.

[21]陈桂生.教育原理[M].上海:华东师范大学出版社,1993.

[22]陈桂生.历史的"教育学现象"透视[M].北京:人民教育出版社,1998.

[23]陈洪捷.德国古典大学观及其对中国大学的影响[M].北京:北京大学出版社,2006.

[24]陈洪捷.中德之间:大学学人与交流[M].北京:北京大学出版社,2010.

[25]陈平原,夏晓虹.图像晚清:珍藏本[M].天津:百花文艺出版社,2006.

[26]陈旭麓.近代中国社会的新陈代谢[M].上海:上海社会科学院出版社,2006.

[27]程亮.教育学的"理论—实践观"[M].福州:福建教育出版社,2009.

[28]程天君,吴康宁.中国高校哲学社会科学发展报告:1978—2008

教育学[M].桂林:广西师范大学出版社,2008.

[29]楚宾,哈克特.难有同行的科学:同行评议与美国科学政策[M].谭文华,曾国屏,译.北京:北京大学出版社,2011.

[30]德兰迪.知识社会中的大学[M].黄建如,译.北京:北京大学出版社,2010.

[31]邓正来.学术与自主:中国社会科学研究[M].北京:北京大学出版社,2008.

[32]狄尔泰.历史中的意义[M].艾彦,逸飞,译.北京:中国城市出版社,2002.

[33]丁韪良.汉学菁华:中国人的精神世界及其影响力[M].沈弘,等译.北京:世界图书出版公司北京公司,2010.

[34]窦忠如.王国维传[M].天津:百花文艺出版社,2007.

[35]杜威.杜威传[M].单中惠,译.合肥:安徽教育出版社,1987.

[36]杜威.教育科学之资源[M].丘瑾璋,译.上海:商务印书馆,1935.

[37]杜威.民主主义与教育[M].王承绪,译.北京:人民教育出版社,1990.

[38]杜威.学校与社会·明日之学校[M].赵祥麟,等译.北京:人民教育出版社,1994.

[39]杜赞奇.文化、权力与国家:1900—1942年的华北农村[M].王福明,译.南京:江苏人民出版社,2008.

[40]范錡.三民主义教育原理[M].上海:民智书局,1929.

[41]方文.学科制度和社会认同[M].北京:中国人民大学出版社,2008.

[42]费尔克拉夫.话语与社会变迁[M].殷晓蓉,译.北京:华夏出版社,2003.

[43]富里迪.知识分子都到哪里去了[M].戴从容,译.南京:江苏人民出版社,2005.

[44]高平叔.蔡元培教育论著选[M].北京:人民教育出版社,1991.

[45]格里德尔.知识分子与现代中国:他们与国家关系的历史叙述[M].单正平,译.桂林:广西师范大学出版社,2010.

[46] 葛兆光. 宅兹中国:重建有关"中国"的历史论述[M]. 北京:中华书局,2011.

[47] 沟口雄三,小岛毅. 中国的思维世界[M]. 孙歌,等译. 南京:江苏人民出版社,2006.

[48] 古川安. 科学的社会史:从文艺复兴到 20 世纪[M]. 杨舰,梁波,译. 北京:科学出版社,2011.

[49] 古尔德. 公司文化中的大学[M]. 吕博,张鹿,译. 北京:北京大学出版社,2005.

[50] 古楳. 乡村教育新论:全 1 册[M]. 3 版. 上海:民智书局,1932.

[51] 郭孟良. 晚明商业出版[M]. 北京:中国书籍出版社,2010.

[52] 郭强. 现代知识社会学[M]. 北京:中国社会出版社,2000.

[53] 韩定生. 新体教育学讲义[M]. 上海:商务印书馆,1918.

[54] 赫尔巴特. 普通教育学:教育学讲授纲要[M]. 李其龙,译. 北京:人民教育出版社,1989.

[55] 侯怀银. 中国教育学发展问题研究:以 20 世纪上半叶为中心[M]. 太原:山西教育出版社,2008.

[56] 胡全章. 清末明初白话报刊研究[M]. 北京:中国社会科学出版社,2011.

[57] 胡绳. 从鸦片战争到五四运动:上、下册[M]. 长沙:湖南文艺出版社,2012.

[58] 扈中平. 现代教育理论[M]. 北京:高等教育出版社,2000.

[59] 华勒斯坦,等. 开放社会科学:重建社会科学报告书[M]. 刘锋,译. 北京:北京三联书店,1997.

[60] 华勒斯坦. 开放社会科学重建社会科学报告书[M]. 刘锋,译. 北京:生活·读书·新知三联书店,1997.

[61] 黄科安. 知识者的探求与言说:中国现代随笔研究[M]. 北京:中国社会科学出版社,2004.

[62] 黄仁宇. 现代中国的历程[M]. 北京:中华书局,2011.

[63] 黄绍箕,柳诒徵. 中国教育史[M]. 福州:福建教育出版社,2011.

[64] 黄宇红. 知识演化进程中的美国大学[M]. 北京:北京师范大学出

版社,2008.

[65]吉本斯,等.知识生产的新模式:当代社会科学与研究的动力学[M].陈洪捷,等译.北京:北京大学出版社,2011.

[66]吉罗克斯.跨越边界:文化工作者与教育政治学[M].刘惠珍,张驰,等译.上海:华东师范大学出版社,2002.

[67]季剑青.北平的大学教育与文学生产(1928—1937)[M].北京:北京大学出版社,2011.

[68]姜琦.现代西洋教育史:上、下册[M].福州:福建教育出版社,2011.

[69]蒋径三.文化教育学[M].上海:商务印书馆,1936.

[70]蒋梦麟.过渡时代之思想与教育[M].上海:商务印书馆,1933.

[71]教育年鉴纂委员会.第二次中国教育年鉴:第1册[M].台北:文海出版社,1986.

[72]金林祥.20世纪中国教育学科的发展与反思[M].上海:上海教育出版社,2000.

[73]金林祥.中国教育制度通史:第6卷[M].济南:山东教育出版社,2000.

[74]卡西尔.人文科学的逻辑[M].关子尹,译.上海:译文出版社,2004.

[75]凯根.三种文化:21世纪的自然科学、社会科学和人文学科[M].王加丰,宋严萍,译.上海:上海人民出版社,2011.

[76]康德.论教育学[M].赵鹏,何兆武,译.上海:上海人民出版社,2005.

[77]康纳尔.二十世纪世界教育史[M].孟湘砥,胡若愚,等译.长沙:湖南教育出版社,1990.

[78]柯林斯.哲学的社会学:一种全球的学术变迁理论:上[M].吴琼,齐鹏,等译.北京:新华出版社,2004.

[79]柯文.在传统与现代性之间:王韬与晚清改革[M].雷颐,罗检秋,译.南京:江苏人民出版社,1998.

[80]柯文.在中国发现历史:中国中心观在美国的兴起[M].林同奇,

译.北京:中华书局,2002.

[81] 科大卫.皇帝和祖宗:华南的国家与宗族[M].卜永坚,译.南京:江苏人民出版社,2009.

[82] 克莱恩.跨越边界:知识,学科,学科互涉[M].姜智芹,译.南京:南京大学出版社,2005.

[83] 孔飞力.叫魂:1768年中国妖术大恐慌[M].陈兼,刘昶,译.上海:上海三联书店,1999.

[84] 孔飞力.中华帝国晚期的叛乱及其敌人:1796—1864年的军事化与社会结构[M].谢亮生,等译.北京:中国社会科学出版社,1990.

[85] 拉格曼.一门捉摸不定的科学:困扰不断的教育研究的历史[M].花海燕,等译.北京:教育科学出版社,2006.

[86] 斯劳特,莱斯利.学术资本主义:政治、政策和创业型大学[M].梁骁,黎丽,译.北京:北京大学出版社,2008.

[87] 郎宓榭,阿梅龙,顾有信.新词语新概念:西学译介与晚清汉语词汇之变迁[M].赵兴胜,等译.济南:山东画报出版社,2012.

[88] 李彬.中国新闻社会史[M].2版.北京:清华大学出版社,2009.

[89] 李正风.科学知识生产方式及其演变[M].北京:清华大学出版社,2006.

[90] 李政涛.教育科学的世界[M].上海:华东师范大学出版社,2010.

[91] 栗永清.知识生产与学科规训:晚清以来的中国文学学科史探微[M].北京:中国社会科学出版社,2012.

[92] 梁启超.中国近三百年学术史[M].上海:上海三联书店,2006.

[93] 埃文斯.费正清看中国[M].陈同,罗苏文,等译.上海:上海人民出版社,1995.

[94] 刘庆昌.教育知识论[M].太原:山西教育出版社,2008.

[95] 刘小强.学科建设:元视角的考察:关于高等教育学学科建设的反思[M].广州:广东高等教育出版社,2011.

[96] 刘正伟.规训与书写:开放的教育史学:纪念中国教育近代化研究25周年[M].杭州:浙江大学出版社,2013.

[97] 卢绍稷.教育社会学[M].福州:福建教育出版社,2011.

[98]伦斯基.权力与特权:社会分层的理论[M].关信平,等译.杭州:浙江人民出版社,1988.

[99]罗廷光.教育科学研究大纲[M].上海:中华书局,1932.

[100]罗志田.权势转移:近代中国的思想、社会与学术[M].武汉:湖北人民出版社,1999.

[101]马克卢普.美国的知识生产与分配[M].孙耀君,译.北京:中国人民大学出版社,2007.

[102]马维娜.集体性知识:中国教育改革的社会学解释[M].桂林:广西师范大学出版社,2011.

[103]马啸风.中国师范教育史(1897—2000)[M].北京:首都师范大学出版社,2003.

[104]曼海姆.卡尔·曼海姆精粹[M].徐彬,译.南京:南京大学出版社,2002.

[105]曼海姆.意识形态与乌托邦[M].黎鸣,李书崇,译.上海:商务印书馆,2009.

[106]米尔斯.社会学的想象力[M].2版.陈强,张永强,译.北京:三联书店,2005.

[107]默顿.科学社会学:理论与经验研究[M].鲁旭东,林聚任,译.北京:商务印书馆,2003.

[108]宁越敏.中国城市发展史[M].合肥:安徽科学技术出版社,1994.

[109]努瓦利耶.社会历史学导论[M].王鲲,译.上海:上海人民出版社,2009.

[110]朴雪涛.知识制度视野中的大学发展[M].北京:人民出版社,2007.

[111]齐曼.真科学:它是什么,它指什么[M].曾国屏,匡辉,等译.上海:上海科技教育出版社,2008.

[112]西美尔.社会学:关于社会化形式的研究[M].林荣远,译.北京:华夏出版社,2002.

[113]钱穆.中国历代政治得失[M].北京:九州出版社,2012.

[114]钱穆.中国历史研究法[M].北京:生活·读书·新知三联书

店,2005.

[115]钱穆.中国学术通义:新校本[M].北京:九州出版社,2012.

[116]钱亦石.现代教育原理[M].上海:中华书局,1934.

[117]瞿葆奎,沈剑平.教育学文集·教育与教育学[M].北京:人民教育出版社,1993.

[118]瞿世英.西洋教育思想史[M].福州:福建教育出版社,2011.

[119]容闳.西学东渐记　历史回眸[M].王蓁,译.北京:中国人民大学出版社,2011.

[120]萨义德.东方学[M].王宇根,译.北京:生活·读书·新知三联书店,2007.

[121]塞蒂纳.制造知识:建构主义与科学的与境性[M].王善博,等译.北京:东方出版社,2001.

[122]桑兵,张凯,於梅舫.近代中国学术思想[M].北京:中华书局,2008.

[123]桑兵.清末新知识界的社团与活动[M].北京:生活·读书·新知三联书店,1995.

[124]桑兵.晚清国民的国学研究[M].上海:上海古籍出版社,2001.

[125]桑兵.晚清学堂学生与社会变迁[M].上海:学林出版社,1995.

[126]桑兵.近代中国的知识与制度转型[M].北京:经济科学出版社,2013.

[127]桑代克,盖茨.教育之基本原理[M].宋桂煌,译.上海:商务印书馆,1934.

[128]桑代克.桑代克教育学[M].陈兆蘅,译.上海:商务印书馆,1927.

[129]施坚雅.中国封建社会晚期城市研究:施坚雅模式[M].王旭,等译.长春:吉林教育出版社,1991.

[130]史华兹.思想的跨度与张力:中国思想史论集[M].郑州:中州古籍出版社,2009.

[131]史华兹.寻求富强:严复与西方[M].叶凤美,译.南京:江苏人民出版社,2010.

[132]史密斯.文化:再造社会科学[M].张美川,译.长春:吉林人民出

版社,2005.

[133]斯宾塞.斯宾塞教育论著选[M].胡毅,王承绪,译.人民教育出版社,1997.

[134]苏云峰.中国新教育的萌芽与成长(1860—1928)[M].北京:北京大学出版社,2007.

[135]孙邦华.西学东渐与中国近代教育变迁[M].北京:中国社会科学出版社,2012.

[136]孙益.西欧的知识传统与中世纪大学的起源[M].北京:北京师范大学出版社,2012.

[137]苏贾.后现代地理学:重申批判社会理论中的空间[M].王文斌,译.北京:商务印书馆,2004.

[138]索维尔.知识分子与社会[M].张亚月,等译.北京:中信出版社,2013.

[139]汤因比.文明经受着考验[M].沈辉,等译.杭州:浙江人民出版社,1988.

[140]陶孟和.社会与教育[M].福州:福建教育出版社,2008.

[141]田正平,商丽浩.中国高等教育百年史论:制度变迁、财政运作与教师流动[M].北京:人民教育出版社,2006

[142]王汎森.中国近代思想与学术的系谱[M].长春:吉林出版集团有限责任公司,2011.

[143]王凤喈.中国教育史:上、下册[M].福州:福建教育出版社,2011

[144]王怀宇.教授群体与研究型大学[M].武汉:华中科技大学出版社,2008.

[145]王颖.杜威教育学派与中国教育[M].北京:北京理工大学出版社,2007.

[146]王中江.近代中国思维方式演变的趋势[M].成都:四川人民出版社,2008.

[147]韦伯.学术与政治:韦伯的两篇演说[M].冯克利,译.北京:外文出版社,1997.

[148]沃勒斯坦.否思社会科学:19世纪范式的局限[M].刘琦岩,叶萌

芽,译.北京:生活·读书·新知三联书店,2008.

[149]吴刚.知识演化与社会控制:中国教育知识史的比较社会学分析[M].教育科学出版社,2002.

[150]吴俊升.教育哲学大纲[M].福州:福建教育出版社,2011.

[151]吴俊升.教育哲学大纲[M].上海:商务印书馆,1935.

[152]希尔斯.论传统[M].傅铿,吕乐,译.上海:上海人民出版社,2009.

[153]熊子容.课程编制原理[M].福州:福建教育出版社,2009.

[154]徐国源,路鹏程,刘怡.知识分子与大众传媒[M].北京:中国书籍出版社,2012.

[155]徐中约.中国近代史:1600—2000 中国的奋斗[M].6 版.计秋枫,等译.北京:世界图书北京出版公司,2013.

[156]杜威.哲学的改造[M].许崇清,译.上海:商务印书馆,1933.

[157]许纪霖,等.近代中国知识分子的公共交往(1895—1949)[M].上海:上海人民出版社,2008.

[158]许纪霖.中国知识分子十论[M].上海:复旦大学出版社,2008.

[159]许美德.中国大学 1895—1995:一个文化冲突的世纪[M].许洁英,译.北京:教育科学出版社,2000.

[160]雅斯贝尔斯.大学之理念[M].邱立波,译.上海:上海人民出版社,2007.

[161]阎光才.精神的牧放与规训:学术活动的制度化与学术人的生态[M].北京:教育科学出版社,2011.

[162]阎光才.美国的学术体制:历史、结构与运行特征[M].北京:教育科学出版社,2011.

[163]扬.知识与控制:教育社会学新探[M].谢维和,朱旭东,译.上海:华东师范大学出版社,2002.

[164]杨国强.晚清的士人与世相[M].北京:生活·读书·新知三联出版社,2008.

[165]杨小辉.近代中国知识阶层的转型[M]上海:上海社会科学院出版社,2011.

[166]叶澜.二十世纪中国社会科学:教育学卷[M].上海:上海人民出版社,2005.

[167]叶文心.民国时期的大学校园文化(1919—1937)[M].冯夏根,等译.北京:中国人民大学出版社,2012.

[168]叶志坚.中国近代教育学原理的知识演进:以文本为线索[M].杭州:浙江大学出版社.2012.

[169]于述胜.中国教育制度通史:第7卷[M].济南:山东教育出版社,1999.

[170]余家菊.乡村教育通论[M].上海:中华书局,1931.

[171]余英时.现代危机与思想人物[M].北京:生活·读书·新知三联书店,2005.

[172]余英时.中国思想传统的现代诠释[M].南京:江苏人民出版社,1995.

[173]袁征.孔子·蔡元培·西南联大:中国教育的发展和转折[M].北京:人民日报出版社,2007.

[174]增田涉.西学东渐与中国事情[M].由其民,周启乾,译.南京:江苏人民出版社,2010.

[175]张斌贤,楼世州.当代中国教育学术思想研究(1949—2009)[M].北京:中国社会科学出版社,2011.

[176]张剑.中国近代科学与科学体制化[M].成都:四川人民出版社,2008.

[177]张仲礼.城市进步、企业发展和中国现代化(1840—1949)[M].上海:上海社会科学院出版社,1994.

[178]张仲礼.中国绅士:关于其在19世纪中国社会中作用的研究[M].李荣昌,译.上海:上海社会科学院出版社,1991.

[179]郑金洲,瞿葆奎.中国教育学百年[M].北京:教育科学出版社,2002.

[180]周策纵.五四运动:现代中国的思想革命[M].周子平,等译.南京:江苏人民出版社,1996.

[181]周谷平,张雁,孙秀玲,等.中国近代大学的现代转型:移植、调试

与发展[M].杭州:浙江大学出版社,2012.

[182]周宁.地缘与学缘:一九二〇年代的安徽教育界(1920—1926)[M].合肥:合肥工业大学出版社,2010.

[183]朱维铮,龙应台.维新旧梦录:戊戌前百年中国的"自改革"运动[M].北京:生活·读书·新知三联书店,2000.

[184]朱新梅.知识与权力:高等教育政治学新论[M].北京:教育科学出版社,2007.

[185]璩鑫圭,童富勇,张守智.中国近代教育史资料汇编:实业教育·师范教育[M].上海:上海教育出版社,2007.

[186]庄泽宣.新中华教育概论[M].新国民图书社,1932.

[187]兹纳涅茨基.知识人的社会角色[M].郏斌祥,译.南京:译林出版社,2000.

[188]邹振环.晚清西方地理学在中国:以1815—1911年西方地理学译著的传播和影响为中心[M].上海:上海古籍出版社,2000.

[189]祖保泉,张晓云.王国维与人间词话[M].上海:上海古籍出版社,1990.

[190]左玉河.中国近代学术体制之创建[M].成都:四川人民出版社,2008.

[191]佐藤慎一.近代中国的知识分子与文明[M].刘岳兵,译.南京:江苏人民出版社,2011.

二、期刊

[1]布雷岑卡.教育学知识的哲学:分析、批判、建议[J].李其龙,译.华东师范大学学报(教育科学版),1995(4).

[2]常导之.从什么地方看出国家主义的教育之需要[J].教育杂志,1923,15(12).

[3]常道直.国家主义与德国教育之进展(下)[J]教育杂志,1925,17(12).

[4]陈建华.体制内的活法[J].读书,2014(12).

[5]陈启天.新国家主义与国民教育的改造[J].中华教育界,1924,14(3).

[6]陈心想.知识的传承创新与知识分子社区[J].读书,2004(11).

[7]陈元晖.中国教育学七十年[J].北京师范大学学报(社会科学版),1991(5).

[8]董标."教之术"到"教育学"演变论[J].华南师范大学学报(社会科学版),2006(6).

[9]董标.教育、教育学、民族:国家同构论[J].山西大学学报(哲学社会科学版),2014(4).

[10]端木恺.为什么要讲三民主义的教育学[J].首都教育研究,1930,1(2).

[11]傅继良.肯定教育科学的理论根据[J].师大教育丛刊,1930,1(3).

[12]高瑞泉.近代价值观变革与晚清知识分子[J].华东师范大学学报(哲学社会科学版),2004(1).

[13]侯怀银.20世纪上半叶中国教育学学科体系的构建及其特征[J].课程·教材·教法,2002(8).

[14]胡德海.王国维与中国教育学术[J].教育研究,2012(12).

[15]胡适.杜威的教育哲学[J].新教育,1919,1(3).

[16]胡适.杜威先生与中国[J].觉悟,1921,7(13).

[17]胡适.杜威哲学的根本观念[J].新教育,1919,1(3).

[18]黄济.20世纪中国教育学科的发展[J].北京师范大学学报(哲学社会科学版),2000(1).

[19]黄向阳.教育知识学科称谓的演变:从"教学论"到"教理学"[J].华东师范大学学报(教育科学版),1996(4).

[20]蒋径三.斯普兰格的文化教育学[J].教育杂志,1931,23(5).

[21]蒋径三.文化哲学与文化教育学[J].教育杂志,1929,31(12).

[22]蒋梦麟.高等学术为教育之基础[J].教育杂志,1918,10(1).

[23]金树荣.实验教育学[J].黄觉民,译.图书季刊,1939,1(3).

[24]靖国平.论教育学的学科范式、知识样式及其话语方式[J].教育研究与实验,2005(2).

[25]李璜.再谈国家主义的教育[J].中华教育界,1923,13(9).

[26]李建勋.中学教育之新趋势[J].师大月刊,1932(1).

[27]李修愚.教师节日的感想[J].东北教育,1949(3).

[28]林青之.杜威教育哲学在今日之中国[J].学习,1940,2(10).

[29]刘伯明.杜威论中国思想[J].学术,1922(5).

[30]刘蔚之.德国文化教育学在中国的接受与转化:兼述其在日本的传播[J].教育研究集刊,2007,53(9).

[31]刘蔚之.哥伦比亚大学师范学院中国博士生"教育基础理论"领域论文的历史意义分析[J].教育学报,2014(5).

[32]刘亦常.教育研究与科学方法[J].河南大学学报,1934,1(1).

[33]马宗霍.记杜威博士之讲演[J].民心周报,1920,1(27).

[34]孟真.教育崩溃之原因[J].独立评论,1932(9).

[35]祁森焕.现代教育思潮之演进与文化教育学之发生[J].河南教育,1929,2(6).

[36]瞿葆奎.中国教育学百年:上、中、下[J].教育研究,1998(12),1999(1),1999(2).

[37]桑兵.近代中国学术的地缘与流派[J].历史研究,1999(3).

[38]桑兵.晚清民国的知识与制度体系转型[J].中山大学学报(社会科学版),2004(6).

[39]石中英.20世纪教育中的国家主义:回顾与讨论[J].教育学报,2011(6).

[40]石中英.论教育学的文化性格[J].教育研究,2002(3).

[41]石中英.知识增长方式的转变与教育变革[J].教育研究与实验,2001(4).

[42]舒新城.教育上的国家主义问题[J].民铎杂志,1924,5(1).

[43]天民.各国实验教育学之现状[J].教育杂志,1912,4(10).

[44]天一.实验教育学[J].教育杂志,1912,4(4).

[45]天翼.德国苗孟氏实验教育学之大概(附图七)[J].进步,1914,5(2).

[46]田正平,阎登科.民国三任教育总长傅增湘[J].浙江大学学报(人文社会科学版),2012(6).

[47]汪懋祖.国家主义教育学序[J].北京师大周刊,1926(283).

[48]王国平."为什么天才成群地来?":访《南渡北归》作者岳南[J].博览群书,2014(2).

[49]王锦第.赫尔巴特学派与他的反对者[J].中德学志,1942,4(1).

[50]王坤庆."教育学史"研究的历史与现状[J].教育研究与实验,1992(3).

[51]王西征.中国教育界的饥饿和警觉[J].教育杂志,1929(10).

[52]吴家镇.教育为科学乎抑为艺术乎[J].中华教育界,1937,24(10).

[53]吴俊升.国家主义的教育之进展及其评论[J].少年中国,1924,4(10).

[54]夏承枫.教育学术科学化与教育者[J].教育杂志,1926,18(2).

[55]肖朗,黄国庭.五四新文化运动前后《教育杂志》作者群体的转变:基于量化的分析[J].大学教育科学,2010(3).

[56]肖朗,项建英.学术史视野中的近代中国大学教育学科[J].社会科学战线,2009(9).

[57]肖朗,杨卫明.中国近代教育学会与教育家群体的教育学术研究[J].湖南师范大学教育科学学报,2011(3).

[58]肖朗,叶志坚.王国维与赫尔巴特教育学说的导入[J].华东师范大学学报(教育科学版),2004(4).

[59]肖朗,张秀坤.民国教育界与出版界的互动及其影响:以王云五的人际交游为考察中心[J].教育学报,2011(3).

[60]肖朗.王国维与西方教育学理论的导入[J].浙江大学学报(人文社会科学版),2000(6).

[61]萧楚女.讨论"国家主义的教育"的一封信[J].少年中国,1924,4(12).

[62]萧孝嵘.对于桑戴克学习心理学说之我见[J].教育杂志,1929(9).

[63]许纪霖.都市空间视野中的知识分子研究[J].天津社会科学.2004(3).

[64]许兴凯.对马克思派谈国家主义的教育[J].北京师大周刊,1926,(285).

[65]叶澜.关于加强教育科学"自我意识"的思考[J].华东师范大学学报(教育科学版),1987(3).

[66]叶文心.空间思维与民国史研究[J].南京大学学报(哲学·人文科学·社会科学版),2013(1).

[67]佚名.杜威女士之新教育论[J].妇女杂志,1921,7(12).

[68]于述胜.学术与人生—解读舒新城和他的道尔顿制研究[J].北京大学教育评论,2007(4).

[69]元青.杜威的中国之行及其影响[J].近代史研究,2001(2).

[70]袁征.知识的进步与进步的知识:拉卡托斯的知识论及其在教育中的意义[J].华南师范大学学报(社会科学版),2004(3).

[71]恽代英.读"国家主义的教育"[J].少年中国,1924,4(9).

[72]张善安.教育学中哲学与科学的关系[J].湖南教育,1929(13).

[73]张小丽,侯怀银.论20世纪上半叶"教育科学"概念在中国的形成[J].教育学报,2014(3).

[74]章清.传统由"知识资源"到"学术资源":简析20世纪中国文化传统的失落及其原因[J].中国社会科学,2000(4).

[75]赵青誉.精神科学派的哲学及教育学说[J].明日之教育,1933,2(3).

[76]赵轶尘.实验小学或附属小学应该怎么样[J].教育杂志,1929,21(5).

[77]郑师渠.五四前后外国名哲来华讲学与中国思想界的变动[J].近代史研究,2012(2).

[78]郑晓沧.教育学与现代文化[J].1933,2(1).

[79]钟鲁斋.教育科学研究之史的演进及其最近趋势[J].中华教育界,1937,24(11).

[80]周谷平,徐立清.马克思主义教育学中国化历程初探[J].教育研究,2002(10).

[81]周谷平,朱有刚.《教育杂志》与近代西方教育的传播[J].教育评论,2002(3).

[82]周洪宇,向宗平.杜威教育思想在中国的传播及其影响[J].河北师

范大学学报(教育科学版),2001(2).

[83]周勇.芝加哥大学教育系的悲剧命运[J].读书,2010(3).

[84]周由廑.约翰杜威博士教育事业记[J].东方杂志,1919,16(6).

[85]朱绍曾.儿童中心教育与三民主义教育[J].大夏期刊,1932(3).

[86]左玉河.从"经世之学"到"分科之学":近代早期的学术分科观念及分科方案[J].北京科技大学学报(社会科学版),2001(1).

[87]左玉河.坚守与维护:中国现代大学之"教授治校"原则[J],北京大学教育评论,2008(2).

[88]左玉河.晚清"古学复兴":中国旧学纳入近代新知体系之尝试[J].史学月刊,2004(9).

后　记

三年前,以为三年很长。三年后,其实三年很短。

于是,思绪开始在记忆的慢车里穿梭。

2012 年 9 月,初次来到华南师大教科院,颇感拘谨,直到见到豪爽的扈中平老师,瞬间释然。自此正式入驻教科院"311"的温暖大家庭,承蒙恩师和同门好友照顾。

2014 年 5 月,论文开题后才恍然大悟,选题时候的自信与兴奋,大多都是自欺欺人。回想当时那个不知天高地厚、自不量力的丫头,在老师们看来是有多可笑。如何使这个选题"能做"并"做好"的困扰,弥散在之后的每一天。

2015 年 1 月,写论文期间,每天被划成了三小段,每段从早、中、午饭开始,于是,我称其为"吃饭论文"。正如所有的美味佳肴一样,吃久了便会有些味觉疲劳。写论文也如出一辙,定时、定点、定量的"吃饭",日子久了,也只能硬着头皮往下咽。但当你知道坚持之后就会蜕变为美丽的蝴蝶,便会带着这种延迟的幸福感坚持下去。正是这样的幻想和希望一直支撑着自己,一字一字,一天一天。

2015 年 2 月,交稿的日子一天天逼近,满脑子都是论文,朋友聊天的话题也全是论文。有时觉得自己所写的一文不值,毫无含金量,不忍再看它一眼。有时遇见大脑短路,吃睡不下,抱着电话痛哭。盼了好久的毕业近在咫尺,却又够不着,特别希望睡一觉醒来论文就写完了。

2015 年 3 月,每天一起在图书馆写论文的一位"战友"向他的导师说了"延期",这个可怕的词汇其实也一直像幽灵一样萦绕在我的心头。他导师回复,"延期,傻呀"。于是,继续。……停顿了几天的思路,终于突然想通了,后面的内容终于有着落了,回宿舍的路上,走路都是蹦起来的。

2015年4月5日,交稿。送审的论文打印好了放在那里,却不敢多看一眼。就这样,论文写完了。就这样,我快毕业了。三年,一千多个日日夜夜,就这样过去了,我的学生生涯就这样结束了。语言的苍白,总在感情最为丰富的时刻显现。对于毕业,没有想象中的激动和兴奋,内心异常的平静,在平静中"渐渐"毕业。

……

如今的自己,已初为人母。时隔两年后再次翻开原版后记,画面重现,百感交集。虽然当时的文字如此稚嫩,此刻却不忍删去和改动。它们的存在,可以时刻提醒自己——不忘初心,方得始终。

正如柯林斯的理论中所阐述的那样,知识分子的创造不是随意的,而是有迹可循的,知识分子的学术网络才是产生观念的根本原因。其中,学术群体、师生链条、同时代的竞争对手,则共同构成了结构性的立场,决定着谁具有创造性和什么时候进行创造,而且决定着他们将创造什么。因此,本研究作为自己的思想成果,也是在个人的学术关系网络中产生的,其中所有的相遇和互动,都构成本研究的情感底蕴和知识基础。所以,在自己的学术处女作产生之际,也是向所有帮助过我的人表达感激的机会。

感谢华东师范大学李政涛老师,他是我学术道路上的启蒙者和引路人,李老师的严谨和细心,以及"李门"教给我的"做人"和"做事",在论文选题和写作过程中发挥着潜移默化的影响,这种影响还会在今后的学术研究和生活中继续体现出来。

感谢华南师范大学的扈中平老师和董标老师,一位是我的人生导师,另一位则是我的论文指路人。扈师不拘小节却关怀细腻,董师气场强大又温文儒雅。扈师对于人生的乐观和豁达,董师对于学术的执着和痴迷,都是我此生要学习的榜样。

感谢陕西师范大学的郝文武老师和陈鹏老师的关心和帮助,能有机会回到自己成长和出发的地方工作和生活真是一件幸事。感谢龙宝新老师从本科阶段以来的持续指导,十年后,重新回到母校,再次遇到当年的老师和同学,同时也结识了很多新同事和朋友,一切都显得刚刚好,内心深处总是充盈着满满的温暖。

感谢我的父母、弟弟和妹妹,你们的爱永远是我最坚强的后盾。感谢我的丈夫牛梦虎,你的体贴和包容,帮我化解了很多困境。感谢我的女儿笑笑,你天真无邪的微笑,让我对生命有了新的感悟和敬畏,也愈加懂得珍惜和感恩。

感谢教育部人文社会科学研究青年基金项目和陕西师范大学社会科学优秀出版基金的支持,本论文才得以顺利出版。感谢陕西师范大学出版总社,感谢钱栩编辑的辛勤付出,辛苦了。

现在的自己,只称得上是普莱斯关于科学家分层的层级结构中的"短期活跃分子"(发表一定量的论文或是短期的生产者),处女作的发表预示着学术生涯的正式开始,路漫漫其修远兮,吾将上下而求索!

前方,那里阳光灿烂,那里的生活像一片霞。

——2015 年 6 月 6 日
写于母校华南师大
——2017 年 9 月 10 日
补充于母校陕西师大